ヒトラーとは何か

セバスチャン・ハフナー

瀬野文教＝訳

ヒトラーとは何か◉目次

第1章　遍歴

第2章 実績

第3章 成功

第5章　失敗

第1章

遍歴

三十歳・無職、職歴なし

アドルフ・ヒトラーの父親はたたきあげの人だった。女中の私生児に生まれながら、高級役人にまでのぼりつめ、功なり名をとげて死んだ。

息子のほうははじめから落ちこぼれていた。実科学校(訳注・日本でいう中学高校)も卒業できず、美術学校の受験にも失敗した。十八歳から二十五歳まで、はじめはウィーンで、それからミュンヘンで、職にも就かず、職に就くあてもなく、ただ親の残した遺産を食いつぶしながら、ボヘミアンのような生活を送った。孤児恩給をもらい、ときどき絵を売って、どうにか食いつないでいた。

一九一四年に第一次世界大戦が勃発すると、志願してバイエルンの軍隊に入った。四年間前線で勇敢に戦い、第一級、第二級の鉄十字勲章をもらった。だが指揮官としての資質に欠けていたのだろう、上等兵以上には昇進できなかった。戦争末期にガス弾を浴びて負傷し、国内の野戦病院に送りこまれ、そこで終戦を迎えた。

そのあと「兵営居住者」として一年間軍隊にとどまったが、このときも人生の計画は立たず、職を得る見通しもなかった。いつのまにか三十歳になっていた。

その年、つまり一九一九年の秋、小さな極右政党(訳注・ドイツ労働者党)に入り、すぐに頭角をあらわした。彼の政治キャリアはここにはじまり、最後には歴史に名を刻んだ。

ヒトラーが生きたのは、一八八九年四月二十日から一九四五年四月三十日までの、ほぼきっかり五十六年の歳月、つまりふつうの人の人生よりもすこしばかり短い。はじめの三十年と終わりの二十六年のあいだに、なにやら不可解な亀裂が入っているように見える。つまりはじめの三十年は、あやしげな生活無能者として過ごし、その後にわかに田舎の大物政治家にのしあがり、ついには世界政治を動かすまでになった。人生の前半と後半のあいだに一本の亀裂が入っているのだ。これはどういう風の吹きまわしか。

このことはヒトラーという人間を考察するうえで、さまざまな憶測を生んできた。だが人生の前後半を分ける亀裂といっても、それは見せかけだけで、じつはそうではない。よく見ると、彼の人生は亀裂だらけだ。

政治活動をはじめてからも（つまり人生の後半に入ってからも）、最初の十年は亀裂が絶えない。最終局面で政治家ヒトラーが、元来の無能ぶりを、それも超ド級の無能ぶりを露呈して全世界に大きな亀裂を残したことは誰もが知るところである。

そしてなによりも、一人の人間としてのヒトラーの人生は、世界を舞台に暴れまわった後半生においても、内実は無味乾燥でみじめなものだった。むしろ反対に前半生をつぶさに観察してみると、見た目の味気なさとは裏腹に、彼の内面にたぎる政治的熱情が異様な光を放っていることがわかり、その後の展開を予感させる。

こうしてみるとヒトラーの人生というのは、横断面によって真っ二つに割られているのではなく、縦断面によって二つにひき裂かれていたといえる。つまり一九一九年まではだらしなく無能で、一九二〇年から急にのしあがって実力を発揮したというのではなく、前半も後半も政治面においては異常なまでの集中力を発揮する反面、一人の人間としてはこれまた異常なまでに無味乾燥な人生を生涯送るのである。

まだ第一次世界大戦前、あやしげなボヘミアン生活を送っていたころから、すでに同時代の政治にだけは異常に敏感で、すっかり政界のトップリーダー気どりだった。その反面、首相となり、独裁者となっても、一人の人間としてはいつまでたっても成り上がりのボヘミアンみたいだった。高さもひろがりも持たない一次元の世界、これがこの男の人生を決定づける大きな特徴だ。

友情とも愛情とも無縁な人生

偉人の伝記を見るとたいがい主人公の名前の下に、副題として「その人生と生きた時代」などと書かれてある。その場合、主人公の人生とその時代とがぴったり重なり合うなどということはなく、むしろたがいに分けへだたっていて、ときおり人物と時代とが交差するというのがふつうである。つまり平面に描かれた時代風景を前に、主人公の個性や強烈な体験が立体像のようにそびえ立ち、それらは時代風景から浮かびでたり、また風景のなかにはまりこんだりする。

ヒトラーの人生はちがう。そこに数えあげられるものはすべて、同時代の歴史のなかに溶けこんでしまう。彼の人生は、その時代の歴史そのものなのだ。若き日のヒトラーは、時代の歴史を映す鏡である。壮年期を迎えてもなお彼は同時代の歴史を反射しつづけるが、そこへの働きかけも強めてゆく。

やがて彼は時代の歴史を決定するようになる。はじめは歴史によってつくられていた彼が、それ以後は歴史をつくってゆくのである。このことは語るに値する。それ以外にヒトラーの人生が送ってよこすものは、実体のなさを証明するいわば不在証明のようなものばかりだ。それらは一九一九年以前も以後も変わらない。まずそれらガラクタをさっさと片づけてしまおう。

この男の人生には、人間の生活に重みや温もりや誇りをあたえるものがまったく欠けている。学歴も職業もない。恋人や友人もいない。結婚したこともなく、父親になったこともない。政治と政治への情熱を除けば、中身のないさみしい人生だ。たしかに幸せな人生とはいえないが、奇妙に軽やかで、重荷にならない、簡単に投げ捨ててしまえるような人生だ。実際ヒトラーの政治生涯は、たえざる自殺願望につきまとわれている。最後に自殺に行きついたのも、自然のなせるところだ。

ヒトラーが結婚もせず、子供もなかったことはよく知られている（最近になって、ヒトラーが一九一七年フランス戦線の兵士だったころ、フランス女性とのあいだに非嫡出の男児をもうけたということが取り沙汰されている。たとえそれがほんとうだとしても、彼はその子に会ったこともないのだから、父親としての経験が欠落していることに変わりはない）。

恋とか愛も、彼の人生においては異常なまでに出番がすくない。出会った女性は数名いるが、多くはない。彼女たちは添え物でしかなく、誰一人幸せになれなかった。エーファ・ブラウンは、ないがしろにされ、たえず侮蔑されていることに苦しみ（「あの人が私を必要とするのは、きまった目的のためだけなの」）、二度も自殺しようとした。

エーファの前の女性、姪のゲリ・ラウバルはほんとうに自殺してしまった。おそらく理由はエーファとおなじだったろう。ヒトラーは、ゲリを放っておいたまま、選挙遊説に出ていた。自分のためになにもかも切り上げて戻ってきてもらうために、彼女は一度だけ、たった一度だけわがままをさせてもらったのである。ヒトラーは彼女の死を悔やみ、別の女性で穴を埋めた。ヒトラーの人生にもラブストーリーじみたものがあったことを、この物悲しい一幕は伝えている。

ヒトラーには友人がなかった。運転手、守衛、秘書といった、副次的な仕事に従事する人たちとなら何時間でもいっしょにいられた。しゃべるのはいつも彼一人だった。こうした「運転手風情」といると、心がなごんだのである。本来の友だちづきあいを、彼は生涯拒み続けた。ゲーリング、ゲッベルス、ヒムラーといった側近たちとの関係も、最後まで冷えきった距離をへだてたものだった。

取り巻きのうちでただ一人、早いころから「おれ・おまえ」の間柄だったレームを、彼は部下に命じて射殺させた（訳注・一九三四年の「長いナイフの夜」で突撃隊長レームと幕僚たちは粛清された）。レームが政治的に厄介な存在になったことが、その主たる理由だったのだろう。

だがいずれにせよ、「おれ・おまえ」の間柄をもってしても、殺害を踏みとどまらせることができなかったとすると、日頃から人となれ合いになるのが嫌だったヒトラーにとって、レームとの長年の腐れ縁が窮屈になったのかもしれず、それが彼を抹殺する動機になったとも考えられる。

ひらめきで勝負する「仕事嫌い」

残るのは学歴と職業である。ヒトラーにはまともな学歴がなかった。数年間、実科学校に通っただけで、成績はひどいものだった。もっとも、ぶらぶらしていた時代にたくさん本を読んではいる。だが、本人の告白によれば、彼の読書というのは、はじめからわかっていることだけを、本のなかから探しだしてそれを受け入れるといったやり方だった。政治の分野でのヒトラーの知識は、新聞を熱心に読む人くらいのレベルだった。

ほんとうに彼が精通していたのは、戦争や軍事技術のことだけだ。この分野では前線兵士としての実体験が生きていて、本の知識を体験に照らし合わせて理解し自分のものにしている。奇妙なことだが、戦場での体験が、彼にとっては唯一の学歴だった。

それ以外、彼は一生涯生半可《なまはんか》な人間で終わった。なんでもよく知っているつもりで、拾い集めた中途半端な似非《えせ》知識をひけらかした。とくに素人がなにも知らないのをいいことに、滔々《とうとう》としゃべりまくって喝采をあびるのが自慢だった。総統官邸でおこなったテーブルトークからは、羞恥赤面に耐えられないような教養のなさが伝わってくる。

ヒトラーは職業をもたなかった。求めたこともなかった。それどころか、できうるかぎり職に就くことを拒んだ。彼の仕事嫌いは、結婚嫌い、人間嫌いと並んで、彼の性格のいちじるしい特徴をなしている。

だから彼を、職業政治家と呼ぶのもまちがいだ。政治は彼の生きがいではあったが、けっして職業ではなかった。政治活動をはじめたころ、彼は自分の職業を画家といってみたり、作家といってみたり、商人といってみたり、宣伝弁士《プロパガンディスト》といってみたり、ころころと肩書を変えた。

その後ひょいとひと飛びで、誰に責任を負うこともない指導者にはねあがった。はじめは党のリーダーにすぎなかったが、ついには正真正銘の総統になった。彼が政治家になってはじめて就いた職務が、首相だった。プロの目から見れば、じつに奇妙な首相だ。気の向くままに旅に出る。書類に目を通すのも、その日その場の気分しだい。閣議も不規則にしかおこなわれず、一九三八年からは一度も開かれなかった。

彼の仕事のやり方は、高級官僚のそれとは似ても似つかぬもので、むしろ束縛のないフリーの芸術家のようなものだった。ひらめきが浮かぶまで、何日でも何週間でもだらだらと過ごしながらそのときを待ち、天命が下るや突如狂ったように目標に邁進する。

ヒトラーが生まれてはじめて規則正しく職務を遂行したのは、人生最後の四年間だけだった。全軍の最高指揮官となるとさすがに、一日二度の戦況会議もさぼることができなかった。そのせいか、得意のひらめきも日を追うごとに遠のいた。

最期の瞬間まで自分を過大評価していた男

こんなことをいう人がいるかもしれない。大きな目標にむかってまっしぐらに突き進む野心家や、歴史をつくろうという大人物の私生活は、往々にして空虚で無味乾燥なものだと。

それはまちがいだ。ヒトラーと比較してみたくなる四人の男たちがいる。当人たちからすれば、あんな男とくらべられたのでは迷惑だと憤慨するだろうが、ナポレオン、ビスマルク、レーニン、毛沢東の四人である。彼らのうち誰一人として、ナポレオンでさえも、最終局面においてヒトラーほどぶざまな失態を演じた者はいない。彼らがヒトラーとくらべられるのを迷惑がるのはこのためだ。

だが、それはまあおくとして、いま問題にしている職業とか学歴ということに関していえば、彼らはヒトラーのように、政治を除いたらなんの取り柄もないなどということはけっしてなかった。四人ともみな高い教養をそなえ、政治の舞台に登場して歴史に名を刻む前から、すでにきちんとした職業をもってそれぞれの分野で活躍していた。ナポレオンは職業軍人として、ビスマルクは外交官として、レーニンは弁護士として、毛沢東は教師として。

四人ともみな結婚し、子がなかったのはレーニンだけだ。みな大恋愛の経験者である。それぞれにジョゼフィーヌ・ボアルネ、カタリーナ・オルロウ、イネッサ・アルマンド、江青を射止めた。これがこの偉大な男たちの人生を豊かなものにしている。それがなければ彼らの偉大さには、なにかが欠けていたことだろう。ヒトラーにはそのなにかが欠けている。

なにが欠けているのか。ヒトラーの人生の注目すべき点をさぐる前に、その欠落部分を手短に述べなければならない。ヒトラーという人間には、人格の形成発展、人間性の成熟といったものが抜け落ちている。彼の性格は早いうちから固まってしまい、より正確にいえば停止したままだ。驚くほど変わらずそのままの状態で、なにひとつ成長しない、吸収しようとしない性格なのだ。

この男にはソフトな性格がまったくそなわっていない。人あたりのやわらかさ、人なつこさ、歩み寄りの姿勢がまったくないのだ。人見知り、引っ込み思案といった消極的な性格には事欠かないが、これは往々にしてネガティブなキャラクターとして片づけられてしまう。

彼がもつポジティブな性格、たとえば意志の強さ、大胆さ、勇敢さ、粘り強さといった要素はみな「ハード」なとっつきにくい側面だ。そこに傍若無人、執念深さ、不誠実、残虐さといった悪人要素が加わる。

さらにダメ押しとして、この男にはみずからを顧みる自己批判能力というものが、生まれながらにすっかり欠け落ちている。生まれて死ぬまで並はずれてうぬぼれが強く、若いころから最後の日まで自分を過大評価していた。スターリンや毛沢東は、いくら大衆から崇拝されてもそれを冷静に受けとめて政治手段として利用し、自分を見失うようなことはなかった。ヒトラーはみずからヒトラー主義のとりこだったばかりか、真っ先に自己崇拝を実践して、これを誰にも負けぬほど熱心かつ執拗に鼓吹した。

ナショナリズムと社会主義の融合

ヒトラーの個人的性格や、不毛な実生活についてはもうこのあたりでやめにして、彼の政治キャリアについて述べることにしよう。こちらのほうはその実りなきプライベートライフとちがって発展上昇といったものが見られ、考察に値する。彼の政治生涯は、公の舞台に登場する前からはじまる。そして次の七つの段階をかけのぼって（もしくは飛び越えて）完結している。

1 中身のない人生を埋め合わせるために、早いうちから政治に熱中した。
2 オーストリアからドイツに移住した。それはまだほんの個人的な行動にすぎなかったが、彼が人生においてはじめて起こした政治アクションだった。
3 政治家になる決断をした。
4 大衆演説家として、聴衆に催眠術をかける能力のあることを発見した。
5 指導者（フューラー）になる決断をした。

6　自分の生存中に政治プランをすべて実現すること、すなわち自分一個の人生に民族全体の運命を従わせる決断をした（それは同時に戦争への決意でもあった）。

7　自殺を決断した。

6と7の決断は、それ以前の決断とちがって、きわめて自己本位な、いわば一人だけのさみしい決断である。それにくらべそれ以前の決断や行動は、主観的な側面と客観的な側面とが、いわばつかず離れずの関係にあってたがいに作用しあっている。むろんヒトラー自身が下した決断であり、彼自身が起こした行動にちがいないのだが、そのつどなにか時代精神とでもいうか、時代の気分とでもいうべきものが、船の帆をふくらませる風のように彼を後押ししているのである。

芸術家への夢破れた十八歳、十九歳の青年ヒトラーは、別の新しい分野に野心をむけた。すると彼の胸に政治への関心と情熱が呼び起こされた。これは時代の気分に合ったものであり、時代の熱気から生まれ出たものだった。

第一次世界大戦前のヨーロッパは、今日にくらべはるかに政治の果たす役割が大きかった。帝国主義列強がうごめくヨーロッパである。どの国も経済競争、植民地獲得、軍備拡大にたえずしのぎをけずっていた。誰にとってもエキサイティングな時代だった。それはまた階級闘争と赤色革命のヨーロッパでもあった。貧乏人は期待し、金持ちはおそれた。いずれにせよ血湧き肉躍る時代だった。

だから当時は、ブルジョアの常連が集まるレストランでも、労働者が立ち寄る飲み屋でも、いつもきまって政治談議に花が咲いた。労働者にせよブルジョアにせよ、当時の人びとの行動範囲は今日よりもはるかにせまく、生活内容もはるかに貧しかった。だがそのかわりに夜の酒場では、誰もが一国の宰相気どりで、獅子となっては吼え、鷲となっては翼をひろげ、バラ色の未来にむけて大旗をふりかざした。

他になにもやることのなかったヒトラーは、昼も夜も政治家気どりだった。当時は政治が人生の埋め合わせをしてくれたのである。このことは、程度の差こそあれ、ほとんどすべての人びとにいえた。だが若きヒトラーにとって、政治は人生そのものだった。

ナショナリズムと社会主義、この二つは大衆を突き動かす強烈なスローガンだった。この二つがなんらかのかたちで結びついて化学反応を起こしたら、いったいどんな爆発力を発揮するかは誰も想像がつかなかった。ナショナリズムと社会主義を結び合わせる――。若き日のヒトラーにこんな着想が浮かんだかどうか、それは定かではないが、なかったとはいえない。

のちに彼は、自分はすでに二十歳のころ、すなわち一九一〇年前後のウィーン時代に、不動の政治的世界観を築きあげていたと述べているが、その世界観が国民社会主義（ナチズム）と呼べるほどのものだったかどうかは疑わしい。

青年ヒトラーをとらえた反ユダヤ主義

いずれにせよ、ウィーン時代に最初にかたちづくられたヒトラーの思想基盤は、ナショナリズムと社会主義の融合ではなく、ナショナリズムと反ユダヤ主義の融合であった。しかもナショナリズムよりも反ユダヤ主義のほうが、時期的には早かったようだ。ヒトラーは反ユダヤ主義を、せむし男がこぶを背負うようにはじめから身にまとっていた。

だが彼のナショナリズム、すなわち民族至上主義と大ドイツ主義に凝り固まったこの男のナショナリズムも、どうやらウィーン時代に生まれたものと思われる。これにたいして、社会主義と出合ったのはもっとあとのことだろう。

ヒトラーの反ユダヤ主義は東ヨーロッパから来たものだ。ヒトラーが生まれ育った十九世紀末から二十世紀はじめごろ、西ヨーロッパはもとよりドイツでも、すでに反ユダヤ主義は衰退しつつあった。ユダヤ人を同化融合させることが望ましいと考えられ、その動きは大きくひろがっていた。

だが東ヨーロッパや南東ヨーロッパでは、多くのユダヤ人が好むと好まざるとにかかわらず、隔離されたまま社会の片隅に追いやられていた。反ユダヤ主義が風土病のようにはびこり、血なまぐさい事件が絶えなかった。同化融合どころではなく、排除殲滅がまかりとおっていた。そしてこのような血なまぐさい、ユダヤ人に逃げ道をあたえない東ヨーロッパの反ユダヤ主義は、ウィーンの街中にも深く浸透していた。かつてメッテルニヒは「バルカン半島はウィーンの第三地区にはじまる」といったが、動乱の火種はまかれていたのである。

この街で若き日のヒトラーは反ユダヤ主義にかぶれた。どのようにしてかぶれたかはわからない。個人的に嫌な体験があったとは伝わっていない、彼自身もそんなことはなにもいっていない。ただ『わが闘争』のなかで、「ユダヤ人は人種がちがう」と主張し、そのことから「人種がちがうのだから除かねばならない」としごくあっさりした結論を導きだしている。このようにして導きだした結論を、ヒトラーはのちに正当化してゆくのだが、そのことについてはあとの章で述べる。

そして正当化した反ユダヤ主義を彼がどのように実施していったかについては、さらにあとの章にゆずる。こうして東ヨーロッパで発生した血なまぐさい反ユダヤ主義は、いわば悪性腫瘍のように青年ヒトラーのなかに深く執拗に根をおろした。だがさしあたっては、あやしげなボヘミアン生活を送っていたにもかかわらず、この悪性腫瘍が表だって猛威をふるうようなことはなかった。

「負け組ドイツ人」としてのオーストリア人

これにたいしてヒトラーがウィーン時代にかぶれたもうひとつの思想、大ドイツ主義ナショナリズムのほうは表だった動きを示していた。一九一三年、彼は人生で最初の政治的決断を下した。オーストリアからドイツに移住したのである。

若き日のヒトラーはオーストリア人だったが、自分をオーストリア人とは思わず、ドイツ人だと言いきかせていた。それもドイツ帝国創設のさい、不当に排除され見捨てられた負け組のドイツ人であるとの思いが強かった。

このような思いは、彼と同時代のオーストリアに住む多くのドイツ人が共有する不満感だった。ドイツと結びついていたからこそ、彼らオーストリアのドイツ人は、オーストリア帝国という多民族国家を支配し、影響力を浸透させることができた。だが一八六六年プロイセン・オーストリア戦争に敗れ、ドイツから締め出された彼らは、オーストリア帝国内では少数民族であるために、他の多数派諸民族のナショナリズムの台頭に対抗しきれず、ハンガリー人と支配権を分かちあうことを余儀なくされた。だが支配権を維持するにはドイツ人の数も力も不足していた。

こんな逼迫した状況では、どんな結論が導きだされても不思議はなかった。若き日のヒトラーは（もともと過激な決断しか下さない男だったが）こうした状況できわめて過激な結論を導きだしていた。つまりオーストリアは崩壊するにちがいない、だがその崩壊のなかから大ドイツ帝国が生まれ出る、そしてその大ドイツ帝国がオーストリアのドイツ人をふたたび抱きこみ、ドイツ民族の圧倒的重量でその他の小国家群を支配するのだと。

彼はもはや精神的にはオーストリア・ハプスブルク帝国の臣民ではなく、きたるべき大ドイツ国の市民だった。そこから彼はさらに自分本位の結論を導きだしたが、これもまたきわめて過激な結論だった。一九一三年春、彼は国を捨てたのである。

ヒトラーがウィーンからミュンヘンに移ったのは、オーストリア国内の兵役を逃れるためだったことは、今日よく知られている。だがそれは彼が卑怯な臆病者だったからではない。それが証拠に、彼は翌一九一四年に戦争が勃発すると、すぐ軍隊に志願している。むろん入隊したのはドイツ軍であり、オーストリア軍ではなかった。

戦争が間近にせまっていることは、すでに一九一三年のころから感ぜられた。ヒトラーはすでに見限った古きハプスブルク王朝のために戦うつもりはなかった。滅びたも同然の祖国のために戦う気もなかった。このころの彼はまだ、政治家になろうなどとは思ってもみなかった。そもそも職もない外国人の彼が、ドイツ帝国で政治家になるなどありえないことだった。だが彼の行動は、はじめの第一歩からすでに政治的だった。

ドイツ帝国の兵士として従軍した青年ヒトラーのナショナリズムは満たされ、その意味で彼は政治的には幸福を感じていた。ただ彼の反ユダヤ主義だけは満たされないままだった。というのも彼の思いからすれば、この戦争はドイツ帝国内のユダヤ人を根絶するために徹底的に利用すべきだったからである。

だがそれを除けば四年のあいだ、戦いは勝利に次ぐ勝利で有利に進められていた。オーストリアだけが敗北を重ねていた。「オーストリアは私がいつもいっていたとおりになるだろう」。わけ知り顔にヒトラーは、戦地からミュンヘンの知人あてに書き送っている。

ドイツ革命の申し子だったヒトラー

さてヒトラーが、政治家になろうと決断したことについてである。彼自身も「これは私が人生で下したもっとも重い決断のひとつだった」と述べている。

彼が政治家になれたのは、客観的に見れば、一九一八年のドイツ革命があったからだ。帝政時代が続いていたら、ヒトラーのようなあやしげな社会的ポジションにただよう外国人が、政治を志すなどとうていありえなかっただろう。

社会民主党にでも入るというのならありえたかもしれないが、この党はヒトラーには肌が合わなかったし、たとえ入ったとしても、国賊視されていた社会民主党では袋小路に迷いこんだも同然で、国政に影響を及ぼす機会などまずめぐってはこなかったろう。革命が起こってはじめて、有象無象《うぞうむぞう》の小政党にも国家権力への道がひらけたのである。

従来の政治体制が大きくゆさぶられ、新しい政党にもチャンスが生まれた。一九一八年と一九一九年のあいだに、雨後の筍《たけのこ》のように新政党の設立ラッシュが続いた。こうなるとオーストリア国籍しかもたないヒトラーにとっても、ドイツの国政に参加するのにほとんど障害はなかった。

しかもこのころ「ドイツ・オーストリア合併」ということがいわれだした。戦勝国の禁止令にもかかわらず、一九一八年以降ドイツ、オーストリア両国民のあいだで、この「独墺合併」が熱心に希求されるようになり、その思いは両国民を結びつける精神的支柱のようになっていた。

そのこともあり、ドイツ国内のオーストリア人は事実上ほとんど外国人とは見なされなかったのである。革命が起こって王侯による支配と貴族の特権がなくなったいま、ドイツの政治家になるための社会的制約はほとんどなくなったといってよかった。

こうしたことはつねに見過ごされてきた。だからことさらにいうのである。周知のようにヒトラーは、一九一八年の革命、「十一月の犯罪者たち」（訳注・一九一八年十一月のドイツ革命を先導したワイマール共和国の指導層）を蛇蝎《だかつ》のごとく嫌い、いわばそれをバネに政治活動に身を投じた。だから彼を革命の申し子のように扱うのは、なにかしっくりこないものがある。だが客観的に見れば彼はドイツ革命の申し子にほかならない。それはナポレオンがフランス革命の産物であり、ある意味でそれを乗り越えた人物であったのとおなじである。

ナポレオンもヒトラーも、それに先だつ革命を抜きにしては考えられない。二人とも、革命によって滅びたものをひとつも復活させなかった。革命を支持したわけでもない、それなのに革命の遺産だけは引き継いだのだ。

「もう二度と革命を繰り返してはならない」

ヒトラー個人としても、一九一八年十一月の革命は、政治家になろうと決心した彼に大きなきっかけをあたえた。もっとも彼が実際に政治家になろうと決めたのは、革命から一年もたった一九一九年秋のことであったが。

いずれにせよ一九一八年十一月というのは、ドイツ帝国の勝利を信じていた青年ヒトラーにとって、いきなり頭をたたかれたような、まさしく覚醒体験だった。思索と煩悶《はんもん》を重ねたすえに彼がたどりついた結論は、「もう二度とドイツで一九一八年十一月のような革命を繰り返してはならない」ということだった。

これがそのまま彼の政治綱領の出発点となった。そしてこれこそは、若き素人政治家ヒトラーがはじめて掲げた具体的な目標であり、これが結局のところ実際に彼が達成することのできた唯一の目標だった。事実、第二次世界大戦では「一九一八年十一月」が繰り返されることはなかった。ころあいを見て戦争を中止するということもなかったし、革命も起こらなかった。どちらもヒトラーが阻止したのである。

ヒトラーのいう「もう二度と革命を繰り返してはならない」という一句に、なにがこめられているのか。じつに多くのことがこめられている。

第一に、将来また一九一八年十一月のような状況になっても革命を繰り返してはならないということ。

しかし第二に、革命を繰り返さないためには、一九一八年十一月とおなじような、いわば革命前夜的な状況をもう一度つくりだす必要があるということ。

そして第三に、そのための前提として、敗れた戦争、敗れてあきらめた戦争をあらためて引き起こさなければならないということ。

第四にその戦争は、国内に革命を起こすような勢力がいない状態で、いわば平常の国家体制のなかで引き起こすことが肝心だということ。

だが戦争をすみやかに遂行するためには、第五にすべての左翼政党を廃止してしまわなければならない。ついでにすべての政党もひっくるめて一網打尽にしてしまうということ。だが左翼政党を撲滅しても、それを支持してきた労働者階層までなくしてしまうことはできないから、彼ら労働者たちにナショナリズムを吹きこまなければならない。

そのために第六として、彼らに生活の保障を約束する社会主義を提供する。この場合は一種の社会主義もどきのようなものでよい。つまりナショナリズムに社会主義を混ぜ合わせた国民社会主義を提供すること。

そのためには第七として、これまで労働者をとりこにしてきたマルクス主義を根絶しなければならない。

それはつまり、第八としてマルクス主義の政治家や知識人を物理的に絶滅することである。

そして第九に、ありがたいことにマルクス主義者のなかにはユダヤ人がわんさといるから、彼らも一人残らず根絶してしまおう——この最終項目はヒトラーの長年の夢でもあった。

こうしてみると、ヒトラーの国内政策プログラムというのは、彼が政治の世界に足を踏み入れたその瞬間にほぼすべて出そろっていたことがわかる。彼が政治活動をはじめたのは、一九一八年十一月から一九年十月の時期だが、このころの彼には物事を見きわめて、すべてお膳立てしておく時間的なゆとりが十分にあった。そして物事を瞬時に見きわめて、すばやく結論を導きだす特殊な才能が、この男にそなわっていたことは認めてやらなくてはならない。

すでにウィーン時代にその才能は芽生えていた。さらに、理論的に導きだした結論、むろん過激な結論だが、それをそのまま過激な行動に移す勇気がこの男にはあった。もっとも、思考構造に基本的なあやまりがあったことだけは指摘しておかなければならない。

つまり彼は、革命が起きたから戦争に敗れたと考えていたが、それはあやまりで実際には戦争に敗れたから革命が起きたのである。だが多くのドイツ人と同様、ヒトラーもこの点をとりちがえていた。

ヒトラーのヨーロッパ再編構想

外交政策のプログラムは、一九一八年の革命の時点では、まだできあがっていなかった。その後六年、七年かけてようやく外交策なるものを練りあげた。だがそれについてここでは簡単にふれるだけにする。

ヒトラーの気持ちのなかでは、戦争はまだ終わっていなかった。早いうちにやめてしまった感が強かった。そのため戦争がどんな終わり方をしたにせよ、すぐにまた戦争をやってやろうという、再戦の決意だけが先走っていた。すぐに新たな戦争の準備にとりかからねばならないという思いが浮かんだ。

ただこの次の戦争は、前の戦争を繰り返すのではなく、戦中、戦後に生じた戦勝国どうしの反目や対立をぞんぶんに利用して、有利な外交関係を新たに築く必要がある。このような思いが、その後どのような段階を経て発展していったのか、一九二〇年から二五年のあいだにヒトラーの頭にどのような戦略が構想されていったのか、こうしたことについてここでは省略する。他の書物を参照していただきたい。

いずれにせよ彼が練りあげた最終結論は、『わが闘争』にも書かれているように、次のようなものだった。まずイギリスとイタリアは、同盟国もしくは好意的中立国として想定する。次にオーストリア・ハンガリー帝国が崩壊したあとに生まれた小国家群およびポーランドは従属国と見なす。隣りの敵国フランスはすぐ骨抜きにする。最大の敵はロシアであり、これは征服して恒久的に支配する。この地（ロシア）にドイツの生存圏を確立し、「ドイツのインド」として経営する。

これはまさしく第二次世界大戦のもとになった構想である。もっともイギリスもポーランドも、ヒトラーがあてがった役を素直には演じてくれなかったから、はじめから実現はおぼつかなかった。このことについては、あとの章で何度もふれる機会があるだろう。ここはヒトラーの政治的発展を論ずる章なので、これ以上は深入りしない。

比類なき演説能力で突破口を開く

いよいよヒトラーが政治の舞台に登場する。彼が政治活動家として公の場に姿をあらわしたのは、一九一九年の秋から二〇年初冬のころだった。一九一八年十一月の革命で夢覚まされた彼は、ここから突破口を開くのである。

だが突破口を開くといっても、それは彼がドイツ労働者党に入党し、これを国民社会主義ドイツ労働者党と改称し、たちまち党内の指導的地位についたことをいうのではない。これは突破口というほどのことではない。ヒトラーが入党したころのドイツ労働者党は、ミュンヘンの酒場の奥のうす暗い小部屋に、百人にも満たないうだつのあがらない男たちがたむろするあやしげな組織だったのだ。

彼が突破口を開くのは、なみはずれた演説の才能を発見したことにはじまる。正確な日付もわかっている。一九二〇年二月二十四日、この日ヒトラーは大集会においてはじめて演説をし、ぶち抜きの成功をおさめたのである。

ヒトラーに集団催眠の能力のあったことはよく知られている。まるで粘土をこねあげるように、大衆を等質の塊に変えてしまうことがこの男にはできた。さまざまな階層のさまざまな利害を抱えた人びとが、多く集まれば集まるほど好都合だった。そんな大衆を彼はまず、ある種の恍惚状態に陥らせ、それから一気に快感の絶頂へと導いたのである。

演説がうまかったわけではない。ヒトラーの演説は、つっかえつっかえしながら、ゆるやかな坂道をだらだらと登ってゆくような調子だった。話の筋は論理的でなく、内容も明快ではなかった。おまけに、のどの奥から発せられるがらがらいうしゃがれ声がうるさくつきまとった。ただ大衆を催眠にかける能力だけがきわだっていた。集団の深層心理を有無をいわせずつかみとり、いつでも思うがままに支配してしまう、精神の集中力がそなわっていた。

この集団催眠能力は、ヒトラーが政治の道を志して最初に手に入れた特殊能力で、長きにわたって彼の政治生命を支えたただひとつの資本だった。その力がどれほど強かったかは、魅了され打ちのめされた人びとの残した数多くの証言が語り伝えている。

だが大衆への催眠作用よりも、本人への催眠作用のほうが重要だった。想像してみるがいい。それまで自分は無能だと思いこんでいた男が、ある日とつぜん奇跡を起こす能力を発見したらどうだろう。

ヒトラーは以前軍隊にいたころ、戦友たちと話をしているうちに、話題が彼の心をさわがせる事柄、つまり政治やユダヤ人のことにおよぶと、とたんにいつもの寡黙な状態から一変して興奮しだし、激しい口調でまくしたてることがあった。当時彼はそのことで、まわりを異様な雰囲気にするというので、「変なやつ」と呼ばれていた。

その「変なやつ」が今度はとつぜん大衆の支配者としてあらわれ、「太鼓たたき」「ミュンヘンの帝王」などと異名をとるようになったのである。認められずに埋もれていた男が、苦々しい思いでひそかに功名心を燃やしているうちに、やおら特殊才能に目覚めて成功を確信し、すっかり自信に酔いしれたのだ。

このとき彼は、自分は誰にもできないことができるということに気がついた。すくなくとも、国内政治の場でなにをすればいいのかもわかった。しかも名だたる右翼の政治家のうちで、いまドイツがどうすればいいのかわかっている者は一人もいなかったのだ。

彼はここ数年来、この右翼の政治舞台で頭角をあらわしつつあった。おのれの特殊能力にめざめ、まわりの無能さにも気づいた。こうしたことが彼に、自分は不世出の政治家であり「できるのはおれしかいない」という自信をあたえたにちがいない。

人生に挫折して埋もれた自分にも、じつはこうした才能がそなわっていたのだ！　こう思いこむうちに、この男の胸のうちにしだいに、人生最大の驚くべき決断が生まれたのである。「指導者になってやろう」

とんでもない決断だった。

救世主を求めた「共和主義者なき共和国」

この決断がいつなされたかはわかっていない。特別な出来事にうながされたわけでもなかった。たしかなことは、この決断がヒトラーの政治活動の初期のころになされたのではないということだ。かけだしのころのヒトラーはまだ、ナチス党の宣伝弁士、国粋主義覚醒運動なるものの「太鼓たたき」で満足していた。

彼はまだ、滅びさったドイツ帝国の大物軍人たちに敬意をはらっていたのである。かつての大物たちがこのころはまだミュンヘンに集まり、さまざまなかたちでクーデタをたくらんでいた。とくにルーデンドルフ将軍を青年ヒトラーは尊敬していた。第一次世界大戦最後の二年間、ドイツ軍の最高指揮官として戦争を指導したこの将軍は、この時期、国家転覆をはかる右翼運動の中心的人物として、誰からも一目《いちもく》おかれる存在だった。

なじみになるにつれ、はじめの尊敬心は失せていった。大衆を思うがままに支配できるのだという自信がますにつれて、ヒトラーは政治家としても知識人としても、他のライバルをよせつけない圧倒的な優越感をおぼえるようになったのである。この感情は誰とも分かちあえないものだった。

さらにいつのころからか、それまでにない一種悟りのような思いが彼の心を満たすようになった。つまりこの出世競争の行きつく先は、将来政権を握った場合、地位の配分とか序列といったかたちでおさまるのではない、そうではなく、かつてなかったかたち、憲法とか権力分立などに妨げられない、合議制などにしばられない独裁権力のようなものにたどりつくのではないか、という思いである。

帝政が消滅し、その復活もかなわぬということで、ドイツ国内には真空状態が生まれていた。この真空状態をワイマール共和国は埋めることができなかった。というのもワイマール共和国は、一九一八年十一月の革命派（つまり左翼）からも、その敵対者たち（つまり右翼）からも受け入れられず、当時の決まり文句を借りれば、まさに「共和主義者なき共和国」だったからである。

一九二〇年代のはじめ、ひとつの気分が湧き起こっていた。それはヤーコプ・ブルクハルトの言葉を借りれば、「昔の権力者たちに代わるなにかが切実に求められ、誰かのために働きたいという思いが抑えきれなくなっていた」のである。

国民の大部分が「誰か」を待ちこがれていた。それは失われた皇帝の代わりとしてだけでなく、もっと別の理由からであった。つまり戦争に敗れたことへの悔しさと、屈辱的な平和条約へのやり場のない憤りが「誰か」を呼んでいたのである。

詩人のシュテファン・ゲオルゲは、国民のあいだにひろくゆきわたっていた気分を

表現してみせた。一九二一年、ゲオルゲ*はある時代の到来を予言する。その時代とともに、

《ただ一人のお方、救国の士は生まれたまう》

そしてその救国の士にたいしてすぐさま、なすべき道が示されるのである。

*原注——シュテファン・ゲオルゲ（一八六八〜一九三三）は、今日ほとんど読まれていないが、重要な詩人であり、秘密結社の創設者でもある。一九〇七年以降に創作した後期の作品の多くが、第三帝国を予言したものと解釈されている。だがゲオルゲ当人は、その後出現した実際の第三帝国をすこしも好きになれなかった。一九三三年七月十二日、詩人六十五回目の誕生日を祝してナチス国家は盛大な祝典を計画したが、ゲオルゲはこれをのがれスイスに亡命し、その年のうちに死んだ。ゲオルゲ一派のメンバーで、詩人晩年の弟子の一人だったのが、クラウス・シュタウフェンベルク伯爵で、この名門貴族出の高級将校は一九四四年七月二十日、ヒトラー暗殺のクーデタを敢行し、失敗して処刑された。シュタウフェンベルクはもともと、ヒトラーの権力掌握を熱烈に歓迎していたのであるが。この「ゲオルゲ‐ヒトラー‐シュタウフェンベルク」の系譜はドイツ精神史のテーマであり、踏みこんだ論考が期待される。

《そのお方は鎖をひきちぎり　廃墟を清め
秩序を打ち立てる　堕落に朽ちた祖国をむち打ち
永遠の正義を呼びさます　偉大なるものは偉大なるものに
主人は主人に　規律は規律にたち戻る　そのお方は
真のシンボルを国旗に掲げ　嵐をくぐり
黎明の静寂をどよもす進軍ラッパに励まされ
誠実なる民を　覚醒の偉業へと導き
新たなる帝国の苗を植える》

まるでヒトラーを念頭において書いたような詩だ（むろんそうではない）。それだけではない。ここにいう「真のシンボル」とはハーケンクロイツ（鉤十字）をさすが、それはすでに何十年も前からシュテファン・ゲオルゲの書物の表紙を飾っていたのである（むろんそれには反ユダヤ主義の意味などはまったくない）。

さらに、かつてゲオルゲが一九〇七年に発表した一節は、ヒトラーが初期に抱いていたビジョンを彷彿させる。

《そのお方よ、あらわれよ！　行為をなしたまえ！

民草も高官もそれを待ちこがれている
諸君らの食卓に寄食する者どもに望みをかけるな!
そんなやからはおそらくは長年諸君の肉を食らい
諸君の寝床で安眠をむさぼってきた殺人鬼にちがいない
さあ立ち上がれ、なすべきことをなせ》

すべてが自分一代かぎりの計画

ヒトラーはおそらくゲオルゲの詩を知らなかったであろう。だがそこにあらわされた時代の気分を、彼はすばやく察知し、刺激を受けた。とはいっても、人びとが待ちこがれ奇跡を期待する「そのお方」に、みずからなってやろうと決断するには、一種野蛮な勇気が必要だったにちがいない。当時そんな勇気があったのは、後にも先にもヒトラーをおいて他になかった。

一九二四年に口述筆記された『わが闘争』第一巻に、そのときの決断が記されているが、すっかり練りあがったかたちになっている。決断がはじめて実行されたのは、一九二五年にナチス党が新たに結成されたときであった。

新生ナチスにははじめから、ただ一人の指導者(フューラー)の意志しかなかった。

その後ヒトラーは政治指導者としてますます大がかりな決断を下し、かねてのプログラムを次々と実現してゆくが、それらは彼が最初に指導者になろうと決断したときの大ジャンプにくらべれば、縄跳びのひとまたぎほどのものでしかない。

さて、あれよというまに、六年、九年、いや十年の月日が流れた。年数は数え方によってちがってくる。全権力を掌握したのは一九三三年、いやそうではない。やっと一九三四年になってからだ。この年ようやくヒトラーは、なんぴとにも責任を負わない指導者、つまり総統になった。ヒンデンブルクが死んでくれたおかげである。

総統になったとき、ヒトラーは四十五歳だった。このとき彼の胸にこんな問いが浮かんだ。このあと残された人生で、かねて計画してきた内政外交のプログラムのうちいったいどれだけ実現できるだろうか。

出した答えは、彼が人生で下した決断のなかでもっとも常軌を逸したものだった。それを知っている人はいまでもあまりいないだろう。まして当時はひた隠しにされた。「全部実現してやる」。それが彼の答えだった。その決断にはいうにいわれぬ不気味さがこめられている。ようするに、自分に残された寿命のなかで、政治プランを全部消化してしまおうというのである。

まさしく前代未聞の決断だった。考えてもみるがいい。いくら長く生きたところで人間の寿命などたかがしれている。国家や民族の寿命のほうがはるかに長い。国のしくみにしても、そのあたりのことを考えてつくられている。共和制にしても、君主制にしても、当然のことながら、政権が代わっても暴君が滅びても、国そのものは続いてゆく。歴史をつくると豪語する偉大な王や政治家でも、自分一代かぎりで国や民族が終わるなどとは思っていない。たとえ理屈でわからなくても、肌で感じているはずだ。

先にヒトラーと比較した四人の偉人たちも、自分は余人をもって代えがたい存在だなどとすごんでみせたこともなければ、まして存命中になにもかもやり尽くしてしまうこともなかった。

ビスマルクはこつこつと強大な権力を積み重ねはしたが、それは長期的プランにもとづく憲法の枠内に限定されたもので、いよいよそれを手放さなければならなくなったときには、憤懣をこめてではあったがすなおに手放した。ナポレオンは王朝を築いて、長く存続させることを夢見た。レーニンと毛沢東は政党を組織して、そこを苗床に後継者を育てようと考えた。優秀な後継者も育ったが、無能な者はたとえ血みどろの危険をおかしてでも排除した。

ヒトラーにはそうした考えがまるでなかった。この男は意図的に、余人をもって代えがたい自分をつくることに全精力をそそいだ。「永遠不滅の私、さもなくば混沌あるのみ」、ようするに自分が滅びたら「あとは野となれ山となれ」だった。

彼は国のしくみをつくらなかった。憲法も制定しなかった。王朝も築かなかった（いまのご時世に王朝などとはいささか時代錯誤だが、結婚もしない子供もいないヒトラーにはそもそも無縁なことだった）。政党もすべて廃止した。国家を運営することも、指導者を育成することも彼の頭にはなかった。ただひとつナチス党という政党をつくったのは、政権を掌握する道具に利用するためだけだった。官僚も内閣も後継者もつくらなかった。あとのことは考えず、国の将来にも配慮しなかった。すべてが一代かぎりだったのである。

だがそのために、彼は先を急がされるはめになった。政治的決断もあわてふためいた実情にそぐわないものとならざるをえない。それはそうだろう。まわりの状況や先の見通しによるのではなく、自分一個の人生の長さにすべてが左右されるのだから、その政策はおのずと現実離れしたものになる。だがこれがヒトラーという男が下した決断だった。

とくに彼が計画した生存圏獲得のための戦争は、生きているうちにどうしてもみずからの手で遂行しなければならなかった。むろん公の場で本心を明かすようなことはなかった。それを聞いたら、いくら意気軒昂なドイツ国民でも意気阻喪したことであろう。だが一九四五年二月のボルマン口述書によると、ヒトラーはすべてをあからさまに打ち明けている。

戦争を始めるのが一年遅れたこと、すなわち一九三八年ではなく、三九年になってようやくはじめたことを「だがね、イギリスもフランスもミュンヘン会談で私の要求をすべて受け入れたものだから、どうにもできなかったのだよ」とくやんだあとで、彼はこう続けるのである。

「運命のめぐりあわせなのかね。私は短い一生のあいだに、なにもかもやりとげてしまわなければならないんだよ……。他の者ならたっぷり時間があるんだろうが、あいにく私にはわずか数年しか残されていないんだ。他の者なら後継者の見込みもあるんだろうがね……」

だが後継者がなかったのは、彼が自分でそのようにしてしまったからだ。

戦争が勃発した一九三九年にも、彼は何度か、むろんけっして公にされることはなかったが、ドイツの歴史を自分一個の人生に従わせようと決心し、そのことをほのめかしている。一九三九年春、ベルリンを訪問したルーマニア外相ガーフェンクに彼はこう述べる。

「私はいま五十だ。五十五、六十になるより先に、いま戦争をするつもりだ」

同年八月二十二日には国防軍の将軍たちを前に、戦争の決断をくつがえすつもりはないと説明する。

「私の地位や権威がいつまで続くものでもないだろう。だから決断したのだ。私があとどれだけ生きるか、誰にもわからないからね」

そして数カ月後の十一月二十三日には、おなじ面々を前に、西部への攻撃計画を早く作成するよううながしている。

「口はばったいことをいうようだが、最後の決断を下すのは私だ、余人をもっては代えがたいのだから。いかなる軍人も、いかなる政治家も私の代わりをすることはできない。暗殺したいのなら何度でもやるがいい……。帝国の運命は私ただ一人にかかっている。私はそれを踏まえてやるつもりだ」

ようするにこの男は結局のところ、歴史よりも自叙伝のほうが好きだったのだ。国家や民族の運命よりも自分一個の人生を優先したのである。ほんとうに一瞬息がとまってしまうような本末転倒、誇大妄想的な考えだ。


「党がぶっ壊れたら、五分後に死ぬ」

彼がいつ、このような考えにとらえられたかは定かでない。だが指導者（フューラー）の原理が浮かんだとき、すでに芽生えの兆《きざ》しはあっただろう、一九二〇年代の中ごろである。「なにものにも責任を負わない指導者」から、「なにものにも代えがたい総統」へと突き進むのはたいした一歩ではない。

ヒトラーがこの一歩を進めたのは（それは同時に戦争へと踏みだした決定的な一歩でもあったが）、ようやく一九三〇年代のなかばになってからだった。その兆候が文書で最初に確認できるのが、いわゆるホスバッハ覚書に記された一九三七年十一月五日の秘密会談である。

この席でヒトラーは、居並ぶ大臣や将軍たちを前にはじめて、まだかなり漠然としたかたちであったが、戦争の計画を打ち明け、彼らを驚愕させた。彼が自分への信頼を迷信にまで高め、やがて自分こそはドイツと一心同体となるべく選ばれた人間であり、ドイツの生き死には自分の生き死ににかかる（「帝国の運命は私ただ一人にかかっている」）とまで思うようになったのは、おそらく政権を獲得して数年のうちに、自分でも思いがけない驚くべき成功をおさめたからにほかならない。いずれにせよ、とうとうそこまでやってしまったのである。

彼にとって、生と死はいつも仲良く隣りどうしだった。誰もが知るように、この男は自殺で人生を終えた。そんな終わり方に誰も首をかしげなかった。むしろ日ごろから、失敗するとすぐ死にたがったこの男にはふさわしい最期だった。極めつきは、人生などいつでも放り捨てようと考えていた男に、ドイツの運命が託されてしまったことだ。

一九二三年、ミュンヘン一揆に失敗したあと、彼はエルンスト・ハンフシュテングルのもとに身を隠したが、このとき、おれはもうおしまいだ、銃で死ぬ、と弱音をはいている。ハンフシュテングルは思いとどまらせるのにずいぶんと苦労した。その後一九三二年十二月、党が分裂の危機に見舞われたとき、彼はゲッベルスにむかってこう洩らしたという。

「党がぶっ壊れたら、おれは五分後にピストルで死ぬ」

これをたんなる口からの出まかせと片づけてしまうことはできないだろう。彼はほんとうに、一九四五年四月三十日に自殺してしまったのだから。ゲッベルスにいった「五分後に」という一節はとくに意味深である。ヒトラーはのちにおなじようなセリフを何度となくはいているが、はじめ「五分後」だったのが「数秒後」に短縮され、ついには「一秒のかけら」にまで切り縮められる。

どうやらこの男は一生涯、どうすればすぐ簡単に自殺できるか、そのことばかり考えていたのだろう。スターリングラードの敗北後、パウルス元帥が自決せずロシア軍に投降したのを、ヒトラーはひどく怒り憤懣を爆発させた。

「あいつはピストルで自決すべきだ。昔の大将は戦に敗れれば剣で胸を貫いて自刃したものだ……なにをこわがっているんだ、たった一秒で人生の苦難から解放されるというのに、地獄の底でいまさら未練も義理もないだろう！　なんたることだ！」

また七月二十日の暗殺未遂事件のあとにはこう洩らしている。

「これで私の人生が終わっていたら、はっきりいうがね、それは私個人としては、心配事から解放され、眠れぬ夜に苦しむこともなくなり、つらい心労に悩まされることもなくなるだけのことさ。一秒のほんのかけらほどの時間だよ、そうすればすべてから解放されて、休息と永遠の平和が得られるんだ」

ヒトラーが自殺したとき、ほとんどなんの驚愕も起こらず、いわば当然のことと受けとめられた。敗戦した場合に、最高責任者が自殺するのがあたりまえだったからではない。事実そんなことはなく、最高責任者が自殺することなどきわめてまれだった。

ヒトラーの自殺が当然のことと受けとめられたのは、振り返ってみて、この男の人生がもとから自殺向きにできていたからだろう。ヒトラー個人の人生はあまりにも空虚だった。だから一度苦境に陥れば守るに値しなかったのだ。そして彼の政治家としての人生は、ほとんどはじめから、いちかばちかの一発勝負だったから、負ければ自殺するしかなかったのである。

ヒトラーという男は、自殺することにかけては、日ごろから妙に腹がすわっていた。あの男ならいつでもやるだろうと、そのことへの信頼度だけは異常に高かった。だからほんとうに自殺したとき、それを悪くいう者は一人もいなかったのである。あまりにも自然なことだった。

これにたいして、彼が添え物扱いしかしていなかった愛人をわざわざ道連れにし、しかも自決に先だって、ひとりよがりのお涙ちょうだい劇さながらの、俗臭ふんぷんたる所作で、ひそかに結婚式を挙げたのは、なんとも理不尽で不作法な結末だった。

おまけに、これは彼にとっては幸運なことにあとになってからわかったことだが（もしそのときわかっていれば、さんざんにこきおろされたことだろうが）、この男はドイツを（というよりドイツの残骸といったほうがいいだろう）を地獄行きの道連れにしようとしたのである。このこと、つまりヒトラーとドイツとの関係については、「背信」と銘打った最終章で扱うことになるだろう。

だがさしあたってまずは、ヒトラーのたぐいまれなる実績と、驚嘆すべき成功の数々をつぶさに見ていくとしよう。それらは当時の人びとにとって、いまの私たちが想像する以上に驚異なことだった。まぎれもない実績であり、疑うべくもない成功だったからである。

第2章

実績

組織をコントロールする手腕

ヒトラーは十二年間ドイツを支配した。はじめの六年のうちに、まさかと思うことを次々とやってのけ、味方も敵も驚かせた。彼に反感をもつ人びとはまだわんさといた。一九三三年当時はまだ、半数以上のドイツ人が彼に敵対していたのだ。だがこの男の実績を目のあたりにして、そうした人びとの心に動揺、困惑が生じ、それはやがて信頼、熱狂へと変わっていった。いまでも古い世代の一部には、心ひそかに彼を慕う気持ちが残っている。

それまでのヒトラーは、ただ煽動者《デマゴーグ》の異名をとるにすぎなかった。たしかに、演説で人気を集め大衆を酔わせる彼の実力はひろく認められていて、とりわけ一九三〇年から三二年に危機感が高まると、権力を握るのはこの男ではないかと、本気で思う人びとの声が日ましに強まった。

だがたとえ彼が権力を握っても、なにごとかをなすだろうとはほとんど誰も信じていなかった。演説をぶつのと政治をおこなうのは別のことだからな、と誰もがいった。

さらにヒトラーをあやしむ理由はいくらでもあった。たとえば演説で時の政権を完膚なきまでにこきおろし、われとわが党にすべてをゆだねよと要求し、右翼左翼を問わずありとあらゆる不満分子の願いに応えてみせるといってのけはするものの、いざなにができるかとなると、なにひとつ具体的な策を打ち出さなかった。

経済危機や失業にたいしてどんな対策をとるのか、こうしたことは当時もっともさしせまった心配事だったが、彼にはなにひとつ具体的な提案がなかった。ジャーナリストのトゥホルスキーは、「たいした器ではない、ただ騒音をたてているだけだ」とヒトラーを評したが、これが大方の見方だった。それだけに、一九三三年以降この男が卓越した行動力と、発想転換のみごとさと、無駄のない瞬発力で実力者であることを見せつけたとき、人びとははかりしれないほどの心理的ショックを受けた。

ただもうすこし目をこらしてこの男を見たならば、すでに一九三三年以前の時点で、演説力のほかに、もうひとつすぐれた能力のあることに気づいたはずだ。それは組織能力、つまり有能な権力機構をつくりだして、それを支配する能力である。

一九二〇年代後半のナチス党は、まぎれもなくヒトラーが創出したものだ。ナチス党(国民社会主義ドイツ労働者党、以下ナチスと記す)は、三〇年代はじめに大衆を味方につけはじめる前から、すでに組織力としては他のどの政党よりもすぐれていた。昔から結束の固いことで知られる社会民主党なども、ナチスにはとうてい及ばなかった。

ナチス党は、帝政時代の社会民主党以上に、国家のなかの国家、反抗的な小独立国をなしていた。早いうちから老成して自己満足化していた社会民主党とちがって、ヒトラーひきいるナチスには、はじめから一種不気味なダイナミズムがそなわっていた。党員たちは全員、ただ一人の支配者の意志に従った（ヒトラーは党内のライバルや敵対者を、まるで赤子の手をひねるように難なく骨抜きにして排除してしまうすべを心得ていた。このたぐいまれな能力こそがナチスの将来を築いたのであり、注意してみれば、その片鱗はすでに二〇年代にうかがうことができた）。

しかもナチス党員は末端にいたるまで戦闘意欲がみなぎっていた。力強く地響きをたてながら選挙戦の荒野をかけぬけた。それまでのドイツでは誰も見たことのない集団だった。

絶妙にブレンドされた「安心」と「恐怖」

おなじく一九二〇年代に、ヒトラーがつくりだしたもうひとつの組織がSA（突撃隊）である。これはいわば郷土防衛軍のようなもので、当時他のいかなる政治的軍事団体よりもすぐれていた。ナチスの突撃隊にくらべれば、国家人民党の鉄兜団も、社会民主党の国旗団も、あるいは共産党の赤色戦線闘争同盟でさえもふぬけのプチブル団体にしか見えなかった。SAはどの団体よりもはるかに好戦的でむこうみずであり、残虐さと殺意の点でも他を圧倒していた。ほんとうにおそれられたのはSAだけだった。

一九三三年三月以降、権力を握ったヒトラーのやり方にはテロと法律違反がつきまとった。だが彼は意図的に恐怖をあおりながら、できるだけ憤懣や抵抗が起こらないようにしくんだのである。

人びとは、もっとおそろしいことが起こるのではないかとおそれていた。SAが一年も前から、流血の惨事をちらつかせながら粛清を予告していたからである。だが実際はそんなことは起こらなかった。ただわずかばかりの仇敵をターゲットにして、個別にこっそりと殺害がおこなわれただけだった。それもすぐに鎮圧された。ただ殺人犯が罪のつぐないをすることはなかった。

ヒトラーは前々から、自分が政権をとったあかつきは、いくつもの首が転がることになるだろうと、声高らかに宣言していた（まるで裁判官の前で証人が宣誓するように）。ここでいう首とは、「十一月の犯罪者たち」の首のことである。

その後ヒトラーが政権を掌握した一九三三年の春から夏にかけて、一九一八年の革命の闘士やワイマール共和国のお偉方が強制収容所に監禁され、残酷な虐待を受け、命の危険にもさらされた。だがそれだけですんだ。たいていは遅かれ早かれふたたび娑婆の空気を吸うことができたのである。なかには収容所送りをまぬがれた者さえいた。

人びとはいくぶん安心した。迫害の嵐が吹き荒れるだろうと、覚悟を決めていたが、実際には一九三三年四月一日の一日、ユダヤ人商店のボイコットがあっただけだった。それもほんの見せしめといった感じで、流血沙汰にはならなかった。たしかに暴力や不法行為はよくない、だが前からおどしていたほどひどくはないじゃないか、これがおおむねの印象だった。

そして一九三三年も終わり三四年になると、テロ騒ぎもしだいに鳴りをひそめた。やがて一九三五年から三七年の「良きナチス時代」になると、強制収容所に送られる人もめっきりすくなくなり、ある程度平穏な日常がおとずれた。すると、「テロはまだはじまったばかりさ、やがておそろしいことになる」と正しいことをいっていた人たちが、かえってうそつき呼ばわりされるようになり、それに代わって「これも過渡期によくある、生みの苦しみってやつさ」などとしたり顔でいう人たちのほうが、正しいことをいっているように思われた。

ようするにヒトラーは、はじめの六年のあいだ、テロの強弱濃淡をほどよく加減して、大衆の心理をたくみに操作したのである。はじめはげしく威嚇して恐怖をあおり、次におどしをきかせながらすこしずつテロの度合いをゆるめてゆき、だんだんと正常に近い状態に戻してゆく。むろん背後にテロがひそんでいることだけはちらつかせておく。

ヒトラーの心理作戦のみごとな勝利といわなければならない。これによって、はじめヒトラーを拒絶していた人たちも、待ちくたびれてやきもきしていた人たちも、なべて大衆の心におびえの感情がしっかりと植え込まれたのである。おびえを植えつけられた大衆は、いくら絶望にかられてもけっして抵抗することはない。それに加えて、政権の実績がさらに増せば、彼らはますますそのありがたみから離れられなくなるだろう。

経済オンチがドイツ経済を再建できた理由

ヒトラーがもたらした実績のなかで、群を抜いて他を圧倒していたのは、なんといっても経済の奇跡である。

当時は、経済の奇跡などという言い方はしなかった。経済の奇跡という言葉が人びとの胸に刻まれたのは、ようやく第二次世界大戦後のエアハルト時代、西ドイツ経済が驚くべきスピードで復興して高度成長してからのことである。

だがこの表現はむしろ、一九三〇年代ヒトラーのもとでなしとげられたことにこそふさわしい。奇跡が起こったという印象は、このときのほうがはるかに深く強烈だった。そしてそれをやりとげたヒトラーという男こそは、まさに奇跡をおこなう人だったのである。

ヒトラーが首相になった一九三三年一月、ドイツには六百万の失業者がいた。わずか三年後の一九三六年には完全雇用が実現されていた。悲惨な困窮に泣きくずれていた人びとが、つつましくも心地よい繁栄を実感するようになったのである。なすすべもなく希望もなくうちひしがれていた人びとの胸に、信頼と自信がよみがえった。これは重要なことだった。

さらにすばらしかったのは、不況から好況への転換が、インフレもなく、賃金や物価が安定したままになされたことだった。これはのちのルートヴィヒ・エアハルトには、とうていまねできなかった。

ドイツ国民はこの奇跡を前にただ感謝感激するばかりだった。一九三三年以後ドイツの労働者たちは社会民主党や共産党を離れ、大挙してヒトラーにくらがえした。このときドイツ国民が抱いた感謝の念がどれほど大きかったかは、どんなに想像してもあまりあるほどだ。この感謝の思いが一九三六年から三八年のあいだ、ドイツの世論を完全に支配していた。

あいかわらずヒトラーを拒絶する者はいたが、そのような者たちは粗探《あらさが》しの不平屋として片づけられた。「あの男には失敗もあるかもしれない。だがともかくおれたちはあの男のおかげで仕事にもパンにもありつけたんだ」。一九三三年当時ヒトラーの反対勢力として社会民主党や共産党を支持していた者たちでさえも、この何年かのあいだにすっかり目の前の奇跡に魅せられていた。

一九三〇年代のドイツ経済の奇跡は、ほんとうにヒトラーの功績だったのか。異論をさしはさむむきもあるだろうが、そのとおりだといわざるをえない。まったくそのとおりだったのだ。

ヒトラーは経済学にも経済政策にも素人だった。経済の奇跡をもたらした一つひとつの着想は、大半が彼によるものではない。とくに危険をおかして資金の調達をやってのけたのは（これこそはすべてを左右する離れ技だったが）、それはヒトラーではなく、財政の魔術師と呼ばれたヒャルマール・シャハトであった。

だがシャハトを起用したのはヒトラーにほかならない。はじめ国立銀行の総裁に抜擢し、次に経済相に任命した。さらにそれまで頓挫を繰り返してお蔵入りしていた経済再建計画を、ふたたびもちだして実行させたのもヒトラーだった。税手形やメフォ手形（訳注・一種の偽装国債。国立銀行が保証するかたちでダミー会社の手形を発行）を考案して資金を調達し、勤労奉仕団をかりたてアウトバーンを建設して雇用拡大をはかったのである。

彼は経済通などではなかった。ほんの寄り道のつもりだった。まさか経済危機を乗り越えて、大量失業を克服することによって権力の座につくことになるとは思ってもみなかった。そんな課題はまったく織り込まれていなかったのだ。一九三三年まで、彼は経済のことなどほとんど考えたこともなかった。だが正念場を迎えて、経済が肝《きも》だと瞬時に悟る政治的直感が、この男にはそなわっていたのである。

そして驚くべきことに、運に見放されたあの不幸なブリューニング（訳注・一九三〇年から三二年にかけて首相をつとめた中央党の政治家）とちがって、ヒトラーは経済政策においても勘所をつかんでいたのだ。予算や財政の安定をはかるよりも、いまは積極的拡大が大事だと即座に判断したのである。

さらに彼は前任者たちとはちがって、世界経済の不況とは裏腹にすくなくとも国内経済だけは安定しているかのように見せる手腕をそなえていた。経済の奇跡の裏には、影の部分もあったことを見逃してはならない。世界が経済恐慌で苦しんでいたなかで、ドイツ経済だけが奇跡と繁栄を謳歌することができたのは、ドイツだけ自国の経済を世界から切り離し、ブロック経済をつくりあげていたからだった。ただ資金の調達はどうしてもインフレを引き起こしたから、上からの圧力で賃金と物価を統制したのである。

ブロック経済にせよ、賃金・物価の統制にせよ、こんなことができたのは独裁政権であったればこそ、背後に強制収容所をちらつかせてのことだった。ヒトラーは、企業連合体にも、労働組合にも気をつかう必要がなかった。彼は両者を「ドイツ労働戦線」という袋のなかにひっくくって骨抜きにした。許可なく外国貿易をおこなったり、自社製品の値段を勝手にひきあげたりした業者は、たとえどんな企業であろうと容赦なく強制収容所にぶちこんだ。労働者もまた、賃上げを要求してストでもやらかそうものなら、ただちにおなじ運命に見舞われた。

このような意味でも、一九三〇年代の経済の奇跡は、ヒトラーのなせるわざであったといわねばならない。そして経済の奇跡に酔いしれて強制収容所にまで行く羽目になってしまった人びとも、見方によってはそれで人生を清算したといえる。

ヒトラーの戦車軍団

いま述べた経済の奇跡は、ヒトラーの実績のなかでもっとも人気の高いものだった。だが彼のヒット作はそれだけではない。すくなくともおなじくらいセンセーショナルで人びとの度肝をぬいたのが、ドイツの再軍備であり軍備拡張だった。これも経済の奇跡同様、はじめの六年のうちにやってのけたわざである。

ヒトラーが首相になったころ、ドイツには十万の兵しかなかった。近代兵器も空軍もなかった。それが一九三八年にはヨーロッパ最強の陸軍と空軍をもつまでになった。驚くべき功績である。だがそれもワイマール時代の下準備がなければとても実現できなかったろう。しかもこれはヒトラー個人が手間ひまかけてつくったのではなく、陸軍がなしとげた壮大かつ緻密な事業だった。

だが、ひらめきを得て命令を下したのはヒトラーだ。この軍事の奇跡ともいえる大業は、経済の奇跡にもまして、ヒトラーの決定的なひと押しがなければありえないことだった。そして経済の奇跡がヒトラーの即興から飛び出たのにたいして、軍事の奇跡のほうは彼が長年あたため練りあげてきた計画目標から生みだされたものだった。結局ヒトラーの手にかかって、ドイツに不幸をもたらしたけれども、それはそれである。ひとつの実績であることに変わりはない。

しかも経済の奇跡とおなじく、軍事の奇跡も、まさかこの男にできるとは誰一人思っていなかった。すべての予想に反して、彼がこれをやりとげたのを見て、人びとはただ驚き賛嘆した。なかには「こんな過剰な軍備をして、いったいなにをするつもりだ」と心配する者もないではなかった。だが国民の大半は満足をおぼえ、民族の誇りをとり戻した。

軍事においても、経済においても、ヒトラーは奇跡を起こす人だった。これを見て感謝も服従もしないのは、よほどつむじ曲がりの天邪鬼《あまのじやく》だけだった。

ヒトラーの軍備拡大政策の要点は次の三つである。

1 ヒトラーがなしとげた経済の奇跡と軍事の奇跡とは、基本的にはおなじものだとよくいわれる。雇用が拡大したのは軍備を拡大したからだと。これはちがう。たしかに徴兵制が復活したことで、それまで路頭に迷いかねなかった何十万人の若者が三度の飯にありつけるようになった。戦車、大砲、戦闘機の大量生産は、何十万人もの金属加工労働者に生活の糧をあたえた。だがヒトラーが目のあたりにした六百万もの失業者の大半は、ごくふつうの民間産業で再雇用されたのである。たびたび大風呂敷をひろげては世間をさわがせたゲーリングがこのときも、「バターの代わりに大砲を」などと誤解をまねきやすいスローガンを流布させた。だが実際には、第三帝国では大砲だけでなく、バターもその他多くの製品同様生産されていたのである。

2 軍備拡大には重要な外交政策の側面もあった。軍拡によりヴェルサイユ条約の重要部分が骨抜きにされたのである。これはフランス、イギリスにたいする政治的勝利であり、ヨーロッパの勢力地図を大きくぬりかえることになった。だがこれについては次章「成功」において、別の視点で述べることにする。ここではヒトラーの実績そのものに関心がある。

3　軍事の奇跡にはヒトラー個人の功績も隠されている。これについてひとこと述べておこう。軍拡はヒトラーの手によるのではなく、国防省および軍首脳部の壮大かつ緻密な作業のたまものであったことはすでに述べた。ただし例外があった。のちに戦争が経過するにつれ重要であることが判明するのだが、ある問題点でヒトラーが手を入れたのである。それは新しい国防軍組織を確立して、将来を決定する作戦方法を考案してみせたことだった。彼は専門将校たちの圧倒的多数の反対をおしきって、独立した戦車師団、戦車軍団を創設したのである。一九三八年の時点で、この新しい軍編成をそなえていたのはドイツ軍だけであり、ドイツはこれにより一九三九年、四〇年の陸戦を制することができた。のちに他国がこぞってこれをまねた。

戦車軍団の創設はヒトラー個人の功績であり、軍事において彼があげた最大の実績である。それは彼が戦時中に担ったあやうげな最高司令官の役まわりより、はるかにすぐれたものだった。ヒトラーがいなかったら、独立戦車軍団は生まれていなかっただろう。これを積極的に評価していたのは、グデーリアンに代表される少数派だけだった。

ヒトラーの後押しがなければ、ドイツもイギリスやフランスとおなじように、保守多数派の反対にあってこの計画はつぶされていただろう。よく知られているようにイギリスやフランスでは、戦車推進派のフラーやド・ゴールが保守派の抵抗にあって挫折してしまったのである。

だから一九三九年から四一年の陸戦の勝利、とりわけ一九四〇年のフランス遠征の勝利は、この世間ではほとんど関心をひかなかった軍部の内輪もめのなかで、すでに決定されていたといって過言ではない。ヒトラーが下した決断は正しかった。だがこれは彼がなにかにつけひけらかしては自慢する他の派手な実績とはちがい、隠れた実績であり、それですぐ彼の人気が上がるというようなものではなかった。逆に彼の人気は、保守派将校のあいだではすっかり落ちこんでしまったほどである。

だがこの決断はのちに功を奏し、一九四〇年にはフランスにたいして軍事的勝利をおさめた。これにより最後まで頑強に抵抗していたドイツ国内の反対勢力も、一時的にではあるがヒトラーになびいたのである。

ドイツ人が陥った自己欺瞞のスパイラル

だが、もうそれ以前から、すでに一九三八年の時点で、ヒトラーは一九三三年のころはまだ彼に反対していた人びとの大多数を味方につけることに成功していたのだ。ひょっとしてこれこそは、なににもまさる最大の実績だったのではあるまいか。これは生き残った古い世代にとっては、恥ずかしい記憶であり、戦後生まれの若者にとっては理解しがたい過去である。

いまでも古い世代の人びとは、「どうしてあんなことに……」といいかけては口ごもり、若者たちは「あんたがた、よくあんなことができたものだ」とつい口をついて出かかる。だが当時ヒトラーの実績と成功を目のあたりにして、そこに将来の破局を読みとるには、たぐいまれな先見の明と深い洞察力が要ったのであり、ヒトラーの実績と成功の魔力から逃れるには、なみはずれた意志の強さが求められたのである。

ヒトラーの吠えるような怒鳴るような演説は、いまあらためて聞けば吐き気をもよおし、失笑を買うだけかもしれないが、当時それは聞く者に反論を許さない事実の裏付けをもって迫ってきたものだ。吠えたり怒鳴ったりするのが大衆を惹きつけたのではない。事実の裏付けに不気味な説得力があったのだ。一九三九年四月二十八日、ヒトラーがおこなった演説の抜粋である。

《私はドイツを支配していた混沌を克服し、秩序を回復し、国民経済のすべての分野で生産を飛躍的に高めた……。われわれすべての胸に突き刺さる七百万の失業者たちを、一人残らず有意義な生産活動に組み入れることにも成功した……。私はドイツ民族を政治的にひとつにしただけでなく、軍事的にも拡張してみせた。さらに私はあのヴェルサイユ条約をひとつひとつ反故にする努力を重ねてきた。あの四百四十八の条項には、かつて民族と人間に強いられたもっともおろかしい屈辱が刻まれている。私は一九一九年にわれわれのもとから奪い去られた土地をふたたび帝国にとり戻し、不幸のどん底にうちひしがれる何百万ものドイツ人同胞をふたたび故郷に連れ戻した。私は千年の歴史を誇るドイツ民族の生存圏をふたたび統一した。しかも私はこうしたことすべてを一滴の血も流さず、わが国民にも他の国民にも戦争の苦しみを味わわすことなくやりおおせたのである。二十一年前の私はまだ名もなき労働者であり、名もなき兵士だった、そんな私がこうしたことをみずからの力でやってのけたのである……》

反吐《へど》が出るような自画自賛。「われわれすべての胸に突き刺さる七百万の失業者」とは聞いてあきれる表現だ。だが、まいったことに、いやはや、すべてがほんとうのことなのだ。ほとんどすべてがれっきとした事実なのである。

すこしばかり正確でない箇所をとらえて、あれこれ重箱の隅をつつくことはできる、たとえばこんなふうに。混沌を克服しただって？　憲法もないのに？　秩序を回復しただって？　強制収容所があるけど、あれはなんなの……等々。だがこんな詮索をしたところで、しょせんひとりよがりの粗探しでしかない。一九三九年四月の時点で、これ以外にどんな異議を申し立てることができたろうか。

経済がふたたび活気をとり戻したのは事実だ。失業者がまた働けるようになったのも事実だ（失業者数は七百万でなく六百万だったが、まあよしとしよう）。軍備が再建され拡張されたのも事実。ヴェルサイユ条約が反故になったのも事実（一九三三年の時点でこんなことがかなうなんていったい誰が想像しただろう）。

ザールラントもメーメル地方もふたたびわが領土となり、オーストリアもズデーテン地方もドイツに併合され、住民はほんとうによろこんだ……彼らの歓呼の叫びがまだ耳の奥に残っている。戦争がおこなわれなかったのは奇跡としかいいようがないが、これもまた事実。そしてヒトラーが二十年前はまだ無名の若者だったことも、打ち消しようのない事実である（もっとも彼は労働者ではなかったが、これもよしとしよう）。

では、すべてみずからの力でやってのけたというのも事実なのか。もちろん彼に手をさしのべて協力した者たちはいただろう。だが「彼がいなくたって結果はおなじさ」などと本気でいえる人間がどこにいただろう。ヒトラーの存在を無視して、彼がやってのけたことだけを称賛するなんてことができただろうか。このような実績を突きつけられれば、この男の破天荒な性格や悪行も「玉にきず」でしかないだろう。

昔からヒトラーに敵対していた人びと、教養ある上品な市民、敬虔なキリスト教徒、あるいはマルクス主義者、こうした人びとは、一九三〇年代なかばから終わりにかけてのヒトラーの文句のつけようのない実績、消しようのない奇跡の数々を目のあたりにして、こう自問したものだった、いや自問せざるをえなかった。

自分のものさしがまちがっているなんて、そんなことがあるのか。ひょっとして、これまで学んできたこと、信じてきたことはすべてでたらめだったのか。いま目の前で起こっていることによって、自分という存在は否定されてしまうのか。もしこの世界が、つまり経済や政治や道徳が、これまで自分が信じてきたとおりならば、あんな男などたちどころに、わけなく葬り去られてしまうはずなのに、いやはや、あの男がこんなに幅をきかすようになるなんて！

だがやつがまったくの無一物から世界の中心人物にのしあがってしまうまでに、ものの二十年とかからなかった。あいつのやることはなんでもうまくいく、できそうもないことでもやってのける、なにをやってもうまくいく、なにをやってもだ！　これがなによりの証拠じゃないか。これまでの考えをすべて根本からあらためろというのか。美的判断も、倫理観も？　すくなくとも自分が抱いてきた期待や予想は裏切られたというわけか。これからは批判もひかえめにして、善悪の判断も慎重にしろということか――。

こんなふうに自己否定的になってしまうのはよく理解できるし、同情さえしたくなる。だがこんな人びとが、持ち前の信念を捨てて、なかば不承不承ながらも「ハイル・

ヒトラー」と唱えるようになるまでに、さして時間はかからなかったのである。

こんなふうにヒトラーの目先の実績に目を奪われて、心変わりした人びとというのは、たいがいナチス党員にはならずに、ただヒトラーのシンパ、総統の信奉者になった。そしてこうした人びとの数は、総統崇拝の最盛期においては、おそらくすべてのドイツ国民の優に九〇パーセントを超えていただろう。

「そんなこと、総統は知りっこないさ」

こうして彼は、国民のほとんどすべてを味方につけてひとつにまとめあげてしまったのである。これは偉業というほかはない。それも十年にも満たないうちにやりとげてしまった。しかもその本質的な部分は、煽動によるのではなく、きちんと実績を積んでのことだ。

ヒトラーは一九二〇年代、煽動者として催眠術や演説力を駆使して大衆を酔わせたが、それだけではたかがしれていた。彼のもとになびいてきたのは、ドイツ国民のせいぜい五パーセントかそこらにすぎず、一九二八年の国会選挙で、ナチスが獲得した票はわずか二・五パーセントにとどまった。

一九三〇年から三三年になって、さらに四〇パーセントの国民がヒトラーを支持するようになったが、これは経済恐慌によって国民が極度に困窮したためと、その困窮を前に政府も既存政党もまったくなすすべなく無能さを露呈したためだった。だが一九三三年以降、残り五〇パーセントの支持を獲得してダメ押しすることができたのは、おもに彼の実績によるものだった。

かりに一九三八年ごろヒトラーの批判をしたとしよう。むろんそうしたことが許されている仲間うちでのことだ。すると、「ユダヤ人への迫害については僕も君の意見に賛成だけれども」とことわったうえで、かならずこんな答えが返ってきたものだ。「そうはいうが、あの男はなにもかもやってのけたじゃないか！」けっして「じつに感動的な演説だったね」とか「このあいだの党大会はまたすばらしかったね」とか「すごい成功をおさめたものだね」といった答えではなかった。「そうはいうが、あの男はなにもかもやってのけたじゃないか」というのがひとつの決まり文句だったのである。そして一九三八年、あるいは三九年春の時点で、それに反論できる者は一人もいなかった。

さらにもうひとつ決まり文句があった。途中からヒトラーのシンパになった人びとが、当時よく口にしていた言いまわしである。「そんなこと、総統は知りっこないさ」。これはヒトラーとナチスとはちがう、別物である、ヒトラーは信ずるが、ナチスを賛美するわけではないという意味である。つまりナチスの不快な部分（ナチスを嫌っている人びとはあいかわらずたくさんいた）を、ヒトラーに負わせたくないという気持ちが本能的にはたらいていたのである。

むろん客観的には通らない理屈である。ヒトラー政権のなすことは、それが破壊的な行動であろうと、建設的な行動であろうと、いずれもヒトラーの責任においておこなわれていたからである。

見方によっては、法治国家の破壊や憲法制度のとりくずしも、ヒトラーの「実績」（むろんそれは破壊的な実績ではあるが）といえなくもない。経済や軍事面においては積極的なパワーがはたらいたが、それに優るとも劣らぬ破壊的なパワーが、法律慣習の撤廃やシステムの廃止に猛威をふるった。これにたいしてヒトラーがなした社会面での実績は、その中間あたりに位置する。つまり社会面においては、建設的な要素と破壊的な要素の両方が見られるのである。

ドイツ社会の「均質化」と「平等化」

ヒトラーは十二年に及ぶ支配のあいだに、いくつか大きな社会現象の変化をもたらしたが、ここではそれらを慎重に分けて考える必要がある。

近代ドイツにおける社会現象の変化は、大きく分けて三つのプロセスを経ている。

第一のプロセスは帝政時代の終わりごろはじまった。次にワイマール時代・ヒトラー時代に第二のプロセスを迎え、ついで戦後東西ドイツで第三のプロセスが急速に進んだ。

第一のプロセスでは、まず社会の民主化と均質化が進んだ。つまり身分の壁がくずれ、階級間の緊張が緩和したのである。第二のプロセスでは性モラルの価値が転倒して、キリスト教の禁欲主義や市民の上品さ、つつましさが軽んじられ否定されていった。第三のプロセスでは女性解放が起こり、法のうえでも職業世界でも男女の平等が進んだ。

こうした三つの領域においてヒトラーがあげた実績は、ポジティブなものであれネガティブなものであれ、比較的すくない。だからくわしく論ずる必要はないのだが、妙な偏見がまかり通っているので、それを是正するためにひとこと述べておく。妙な偏見というのは、ヒトラーがこの三つの社会現象の変化、つまり民主化、性モラルの転換、女性解放の流れを邪魔した、押しとどめた、あるいは逆行させたというものだ。

そのことが一番声高にいわれるのが、女性解放についてである。たしかによく知られているように、ナチスは口先では女性解放を否定していた。だが実際にはその反対で、とくに政権後期六年間の戦争時代においては、女性解放は飛躍的に進み、党からも国からも文句なしに是認され、強力な支援さえおこなわれたのである。

第二次世界大戦時ほど女性が男性社会に進出して、男性の役割を担ったことはかつてなかった。この流れはもはや押しとどめることのできないものであり、たとえヒトラーが第二次世界大戦を生きながらえたとしても、その流れは変わらなかったであろう。

性モラルについてのナチスの態度は、本音と建前がさかさまで矛盾だらけだった。ドイツ女性の貞操観念や貞淑さを賛美しておきながら、説教くさいかまととぶりや、しみったれた身持ちの固さをばかにし、とりわけ優性遺伝をうながすものならば結婚の有無をとわず「健康な色欲」を奨励したのである。実際、肉体美の礼賛、セックス崇拝の勢いはますばかりで、一九二〇年代に解き放たれたこの勢いは、三〇年代、四〇年代にはもう歯止めがかからなかった。

身分的特権の廃止や階級障壁の撤廃に関しては、ナチスはこれを全面的に支持していた。（この点でもナチス・ドイツは、「一致団結した国家」すなわち身分制国家の復活を旗印に掲げたイタリアのファシストとはちがっていた。ヒトラーの国民社会主義とムソリーニのファシズムをいっしょくたにしてはならない理由のひとつである）。

ただナチスは従来のような「階級なき社会」という言い方はせず、「国民共同体」の実現を唱えた。中身はおなじである。ワイマール時代よりも、ヒトラー時代になるとなおいっそう、上昇組、没落組の数が増え、階層間の混交が進み、階級間の壁が開放された。有能な者、とりわけ頭脳明晰な者にはいくらでも道がひらけた。

むろん、なにもかもよろこばしくバラ色というわけではなかったが、社会が「進歩している」ことだけはたしかであり、とりわけ均質化が進んでいることは疑いなかった。それがもっとも顕著だったのは（ヒトラー個人がなによりのお手本であり、そのことによってより促進されていたのだが）、将校団における変化だった。

ワイマール時代、陸軍兵力がまだ十万に制限されていたころ、将校団はほとんど貴族が独占していた。ヒトラーが政権についたころ国防軍の将軍たちは、ほとんどみな貴族の称号をもっていたのである。だがその後そのような者はほとんどいなくなった。

こうしたことはみな、いわばついでに述べたまでのことで、社会現象の変化の流れをつかんでもらうためである。ようするにこうした社会現象の変化は、ヒトラー以前からはじまっていて、ヒトラー時代もそれ以後もおなじように進んでいったのである。ネガティブな方向にせよ、ポジティブな方向にせよ、ヒトラーがその変化に決定的な影響をあたえるようなことはなかった。

「国有化された人間」たちの共同体

だがヒトラー個人がつくりだした、大きな社会変化がひとつある。それは興味深いことに、今日（訳注・本書が刊行された一九七八年）西ドイツでは後退しつつあるのだが、東ドイツでは受け継がれ、さらに発展している。ヒトラー自身はそれを「人間の国有化」と呼んだ。「銀行や工場を国有化する必要はない」。彼はヘルマン・ラウシュニング（訳注・ヒトラーの側近で、のちに亡命）にいった。「いいか、大事なことは、人間をしっかりと規律のなかに組みこんで、そこから出られないようにすることだ……つまり人間を国有化するのだ」

これはヒトラーのナチズム（国民社会主義）における社会主義的側面であり、しばらくこれについて述べることにする。

マルクス主義者からすれば、生産手段の国有化こそが社会主義を規定する決定的な、というより唯一の特徴であるから、人間を国有化するなどというナチズムの社会主義的側面は、当然のことながら否定するであろう。ヒトラーは生産手段を国有化したのではないから社会主義者ではないと。マルクス主義者はそれで片づけてしまうだろう。

だが注意が必要だ。事はそう単純ではない。興味深いことに、今日の社会主義国のうちで生産手段の国有化だけで満足している国などひとつもありはしない。どこも生産手段だけでなく、人間を国有化しようとけんめいである。

つまり国民を、できることならゆりかごから墓場まで集団で統率して、集団主義・社会主義の指導原理を徹底し、人間を「しっかりと規律のなかに組みこんで」しまおうとやっきになっている。マルクスもなにもあったものではない。社会主義にとっても結局のところ、生産手段の国有化よりも、人間の国有化のほうが重要なのである。

どうやら、社会主義と資本主義を対立させて考えることに慣れてしまっているようだ。だが社会主義の反対は資本主義ではなく、個人主義である。このことをきちんと認識しておくことが大事だ。つまり産業が発達すれば社会主義も一種の資本主義にならざるをえないということだ。社会主義国も資本を集積し、更新し拡大しなければならないからである。

資本主義国でも社会主義国でも、経営者や技術者の仕事や考え方はまったくおなじだ。工場労働にしたところで、人間が労働から疎外されていることについては、社会主義国も資本主義国も事情はおなじである。労働者が使う機械やベルトコンベアが、私企業の所有かそれとも国有企業の所有か、それだけのちがいであって、労働者にとって労働の本質にちがいはない。

だが大きなちがいがひとつある。それは労働者が仕事を終えたあと、一人きりになれるか、それとも工場の門前で集団（組合の仲間たち）が待ちかまえているかということだ。つまりここで重要なのは、人間が労働から疎外されることではない（こんなことは産業経済が発達すればどんな体制でも避けることはできないだろう）。それよりも重要なのは、人間がまわりの人間たちから疎外されているかどうかということである。

別な言い方をすればこういうことだ。つまり人間の疎外をなくすことが社会主義の目的だとすれば、生産手段を国有化するよりも、人間を国有化したほうが、はるかに容易に目的を達することができるということだ。

生産手段を国有化すれば不正をなくすことはできるかもしれない。ただし効率化は犠牲にしなければならないが。これにたいして人間を国有化すれば、大都会の人間どうしの疎外をなくすことはできる。ただし個人の自由を犠牲にしてのことだが。自由と疎外は、おなじメダルの裏と表のようなものだ。共同体には規律がつきまとう。

具体的に述べてみよう。ナチス時代のドイツ人の大半はどんな生活を送っていたのか。それはヒトラー時代以前の生活とも、戦後西ドイツの生活ともちがっていた。だが東ドイツの生活とはたいへんよく似ていた。

大部分が共同体、集団のなかで営まれた。そして、その共同体の成員になることが強制されていたかどうかは別として、ほとんどの人間がその集団に出入りしていた。小学生はナチス少年団に所属し（これは東ドイツのパイオニアユーゲントにあたる）、青少年はヒトラーユーゲントを第二の住処にしていた（東ドイツには自由ドイツ青年団というのがある）。大人になると男性は突撃隊や親衛隊に入隊して国防スポーツに汗を流し（東ドイツにはスポーツ・技術クラブがある）、女性はドイツ婦人会で活動した（東ドイツには民主婦人同盟がある）。

キャリアを積んだ者、あるいは積みたい者は党に所属したが、これも第三帝国、東ドイツともによく似ていた。ナチス・ドイツにおいても東ドイツにおいても、この他にたくさんの職業、趣味、スポーツ、教養、リクリエーションのクラブがあり、楽しみを分かちあうことで国力を向上させ、労働の素晴らしさを共有したのである。

もちろん当時の第三帝国と戦後の東ドイツとでは、歌われる歌も、演説の内容もちがっていた。だが遠足、行進、キャンプ、合唱、祭典、工作、体操、射撃——こうしたことへの一途な取り組みかたは、両者ともきわめてよく似ていた。

そして、このような共同体生活のなかで育まれる安堵感、仲間意識、幸福感といった精神的所産も両者に共通のものであった。ヒトラーはこのような幸福感を、人びとに無理やり味わわせた。このことからしても彼は疑いなく社会主義者であった。それも百戦錬磨の。

これが幸せと呼べるものであったろうか。それとも無理強いされた幸福は、やはり不幸と感ぜられたか。東ドイツの人たちには、無理強いされた幸福をのがれて西ドイツに移ってくる人たちがいる。だがしばらくすると、一人ぼっちの孤独に耐えられなくなる。個人的自由の裏の面である。ナチス時代のドイツ人も、おなじような反応を示しただろうか。国有化された人間と、孤独な個人主義に生きる人間と、どちらが幸せか。ここでこの問いに結論を下すのは、やめにしておいたほうがいいだろう。

もし一九三八年にヒトラーが急死していたら？

ヒトラーの実績を論ずるこの章で、善悪の判断がほとんどなされないことに、ひょっとして違和感をおぼえる読者もいるかもしれない。それにはそれなりの理由がある。実績というのはあくまで実績であって、道徳的判断を加えてはならないものである。「実績がある、ない」とはいえても、実績が「良質」「悪質」とはいえない。すくなくともそういう言い方はしないだろう。

ヒトラーはたくさん悪いことをした。だからそのことについてはあとの章でたっぷりすぎるほどたっぷりと、とりわけ道義上の理由で断罪するつもりでいる。だがまちがった理由で彼を断罪してはならない。そんなあやまちをおかして、昔から手痛いしっぺ返しを食らった者たちがわんさといる。そしていまなお、そのたぐいのあやまちがあとを絶たない。

「盗人にも三分の理」ということわざがあるのを忘れてはならない。誰でも悪いやつとわかると、最初から見下してかかるものだ。卑俗で滑稽な面が多々あったヒトラーだけに、はじめから頭に足をのせたくなる。彼が失敗したことを知っているいまの私たちは、待ってましたとばかりに石を投げたくなる。だがそのような誘惑に、やすやすとのせられてはならない。

だからといって、この男を「偉大な人間」と呼ぶにははばかりがある。「ただ力まかせに破壊した人間を偉大とはいわない」とヤーコプ・ブルクハルトもいっている。ヒトラーが力まかせに破壊したことはたしかである。

だが破壊以外の分野でも、彼は最大級の大物であった。たしかにあの空前絶後の馬鹿力さえ発揮していなければ、あのような悲惨な破局はおとずれなかったであろう。だが奈落にむかう前に、絶頂があったことを見落としてはならない。

歴史家のヨアヒム・フェストは、かの有名なヒトラー伝の序章で、次のような興味深い歴史的仮定を提示している。

「もしヒトラーが一九三八年末の時点で暗殺されていたら、彼の名はドイツ最大の政治家の一人として、ひょっとしてドイツ民族の歴史の完成者として記憶されたかもしれない。あの攻撃的な演説も、『わが闘争』も、反ユダヤ主義も、世界征服の野望も、おそらくは若気のいたりとして忘れ去られたことだろう。……最後の六年半がヒトラーを名声から遠ざけたのだ。ばかげたあやまちを繰り返し、失敗に失敗を重ね、犯罪にまみれ、痙攣にのたうちまわり、破滅の狂気にかりたてられて死んでいったあの六年という月日が」

たしかにフェストのいうように、ヒトラーがあやまちや失敗や犯罪をおかしはじめたのは、最後の六年を迎えてからではない。ヒトラーの悪行の根が深く青年期にまでさかのぼることを、その著書のなかでみごとに浮き彫りにしてみせたのはまさしくフェストだった。

またフェストは、ヒトラーの悪行がひろがり暴れまわったのはようやく政権の後半になってからで、前半は思いがけない成功によってその本性がおおい隠されていたと述べているが、これもまったくそのとおりである。

さらに一九三八年の秋から翌三九年の初冬がヒトラーの人生の頂点だったと述べているが、これもそのとおり。それまでのヒトラーはつねに右肩上がりだった。その時期を境に下降と転落がはじまったのである。だからその時点で彼が暗殺されるか、あるいは事故や脳卒中で死んでいれば、ほとんどのドイツ人は偉大な人物を失ったと思ったことだろう。だがそれで正しかったのだろうか。一九三八年に死んだヒトラーを、いま思い返しても偉大な人物を失ったと思うだろうか。

いや、そうは思わない、と私たちははっきりいうことができる。それは次の二つの理由からである。

第一にヒトラーは、それまでの功績をすべて無にしてしまうような戦争を、すでにこの一九三八年の秋に決断していたからである。一九三八年の九月に、ヒトラーは戦争をはじめようと考えていたのだ。一九四五年二月のボルマン口述書のなかでも、彼はその時点で戦争をはじめなかったことをくやんでいる。

「軍事的観点からすれば、一年早く戦争をはじめたかったんだ……だがね、イギリスもフランスも、ミュンヘン会談で私の要求をすべて受け入れたものだから、どうにもできなかったのだよ」

一九三八年十一月の時点で、彼は国内メディアの前で演説をおこない、ここ何年かの平和の約束はすべてまやかしだったことをぶちまけている。

《ここ何年ものあいだほとんど平和のことばかり口にしてきたのは、まわりの状況に強いられてのことである。ドイツが平和を望んでいるということを繰り返し強調しなければ、これだけの軍備拡大をなしとげることはできなかった。軍備は次の一歩を踏みだす前提としてつねに必要であった。何年にもわたって平和のプロパガンダを発信することにはむろん由々しき側面もともなうが、これはいたし方のないことである。なぜならそのことによって、多くの人間の頭に、いまの政権はいかなることがあっても平和を守るにちがいないという思いがいともたやすくこびりついてしまうからである。だがそれは国をまちがった方向へ導いてしまうだけでなく、ドイツ国民の精神を敗北主義で満たし、これまでの成功を水の泡と消してしまう危険さえあるのである》

遠まわしな言い方だが、真意はあきらかである。ようするに、彼は平和演説によって外国だけでなく、ドイツ国民をも何年にもわたってだまし続けてきたのである。ドイツ人は彼を信じていた。ヴェルサイユ条約が修正され国民は溜飲を下げた。だが戦争がはじまるとは思っていなかった。

一九三九年に戦争が勃発したとき、ドイツ人はうちひしがれ、うろたえながら戦場にむかった。一九一四年のときは意気軒昂として出征したものだったが。一九三三年から三八年のあいだに、ヒトラーがあれだけの実績をあげることができたそのすくなくとも半分は、戦争がなかったおかげである。

だからもしドイツ人が、自分たちが勤労奉仕をしたのは、戦争の準備をするためだけだったと知ったならば、たとえヒトラーが一九三八年末に斃れたとしても、彼を偉大な政治家などとあがめたりはしなかっただろう。たとえずっとあとになってから真実を知ったとしても（歴史研究がそれをあかるみに出さずにはおかない）、ヒトラーが偉大な人物に映ることはなかったはずだ。

だがフェストが提示した歴史的仮定を、いま述べたのとは別の方向に展開するのもまた興味深い。一九三八年秋ヒトラー急死の知らせに接したドイツ国民の大半は、さしあたり偉大な政治家を失った感慨を抱いたであろう。

だがこの思いはせいぜい二、三週間しか続かなかっただろう。なぜなら人びとは彼の死後、機能すべき国家システムがまったくなくなってしまっていたことに気がつき愕然としたであろうから。国民の知らぬまに、ヒトラーがすべて破壊してしまっていたのだ。

これから先いったいどうすればよいのか。一九三八年の時点でヒトラーに後継者はいなかった。後継者を選ぶためのしくみもなかった。後継者を立てる権限と権力をそなえた機関もなかった。ワイマール憲法はもう機能していなかったし、代わりの憲法もなかった。ようするに新しい元首を擁立することのできる機能が、この国には完全に欠落していたのである。

後継候補になりうる者たちはみな、国家のなかの国家に埋めこまれていた。ゲーリングは空軍に、ヒムラーは親衛隊に、ヘスは党に（このときすでにナチス党は突撃隊とおなじくほとんど機能不全に陥っていた）、それぞれ埋めこまれ身動きがとれなかった。さらに国防軍があったが、これまた保守派首脳の一部がちょうどこのころ、つまり一九三八年九月、反ヒトラークーデタの準備を進めているさなかで、軍内は親ヒトラー派・反ヒトラー派に分裂していた。

ようするにすべてが混沌《カオス》のなかにあり、ヒトラー一人の手で束ねられ、覆い隠されていたのである。だから彼一人が欠けただけで無秩序がさらけ出されたにちがいない。

そして、このような混沌をつくりだしたのもヒトラーであった。あえていうならば、これも彼の実績、破壊的実績であった。

このことは今日までほとんど見落とされてきた。最後の破局がさらにすさまじいものだったので、忘れられてしまったのである。

拡大する国境、自己目的化する戦争

前章でヒトラーの人生をながめたさい、私たちはおそろしい事実に突きあたって愕然とした。彼が自分一個の寿命が尽きるまでに、政治プランを全部消化してしまおうと考えていたことである。

この章でもまた（まったく別の方向であるが）、おなじような事実に突きあたる。この男は自分一個の権力を守り、自分がなにものにも代えがたい存在であり続けるために、はじめから意図的に国家機能を破壊したのである。

国家の機能を支えるのは憲法、もしくは国のしくみと呼ばれるものだ。だが第三帝国には、一九三四年の秋以降、憲法もなければ国のしくみといえるものもなかった。国家権力を制限して市民権を守る基本的人権はおろか、そもそも国のしくみを支え国政を運営するための最低限のもの、つまり職務規定すらなかったのである。

職務規定がなければ、国務機関どうしの権限争いに歯止めがかからず、意味のない摩擦を繰り返すようになる。ヒトラーはあえてそのような状態をつくりだしたのである。そのため、さまざまな独立した権力機構がおのれの権限を主張し、他の機構とぶつかりあい、たがいに足を引っ張りあいながら敵対しつづけた。そして彼一人だけがトップに君臨した。

なにものにも制限されない行動の自由をすべての方面に発揮するには、これが最良の方法だったのだ。憲法があるかぎり、国家の最高権力といえども制限を受け、好きなことはできない。どんなに絶大な権力を握っていても、立憲国家である以上、所轄の権限にひっかかる。したがってすべてに命令をゆきわたらせることはできない。

憲法すなわち国のしくみが機能しているうちは、最高権力が不在でも国家は存続することができる。ヒトラーには、こうしたことが感覚的にわかっていた。彼は自分が制限を受けることも、自分なきあと国家が存続することも望まなかった。それゆえに彼は、国家を支えるいかなるしくみをも廃止して、自分以外余人をもって代えがたい状態をつくりだしたのである。

国家に仕える公僕のトップなどまっぴらだった。総統（フューラー）、すなわち絶対的支配者でなければならなかった。だが国家機構が健全に機能しているうちは、絶対支配などありえない。絶対支配が可能になるのは、混沌が支配するなかで混沌を制御した場合のみだ。だから彼はあらかじめ国家体制を破壊しておいてから、混沌状態をつくりだしたのである。そしてこれはなんぴとも認めなければならないことだが、彼は最後まで、その混沌を制御するすべを心得ていた。

だが、たとえ彼が成功の頂点で、すなわち一九三八年秋の時点で死んでいたとしても、混沌状態はすぐにあらわになっただろう。それによって彼の死後の名声は失墜したにちがいない。

さらにもうひとつ、ヒトラーを国家の破壊にかりたてた別のものがあった。ヒトラーという人物をつぶさに観察すると、この男にはものごとを確定するのを嫌う傾向、もっと厳密にいえば最終決定するのを避ける性癖のあることに気がつく。なにか国家秩序のようなもので自分の権力を制限したり、決まった目標を掲げて自分の意志を縛るのを嫌う性向である。

彼はドイツ国家を引き継ぎ、一九三八年にはそれをみずからの手で大ドイツ帝国へと拡大した。だがこうしてできたドイツ帝国は、彼にとって国境を画定して守り固めるべき完成品ではなかった。むしろさらに広大な帝国へと拡大発展させるためのジャンプ台でしかなかったのである。

ひとつのドイツ帝国で終わってしまうのではなく、大ゲルマン帝国へとひろがってゆく、地理的国境線も描けないほど果てしない空間。ただ「戦線」だけがたえず前へ前へとのびてゆく。ヴォルガ河で一服してはまた進み、ウラル山脈で陣を立て直してはさらに東をめざし、太平洋をのぞんでようやく一休みするといった具合である。

すでに何度か引用した一九三九年四月二十八日の演説で、彼は「千年の歴史を誇るドイツ民族の生存圏をふたたび統一した」と自慢げに述べているが、これは彼の真意ではない。彼がめざす「生存圏」ははるか東方にあったのだ。それは達成された「歴史的過去」ではなく、進むべき「未来」なのである。

それよりずっと以前の、これもすでに引用した一九三八年十一月十日の演説で、彼は本音の一部をのぞかせている。たえず次の一歩を踏みだすことが大事であり、ドイツ国民にこのことを覚悟させなければならないというのである。

だが、どの一歩も次の一歩への準備でしかないとすれば、止まるきっかけがなくなってしまう。獲得した土地を国家として画定するいとまさえない。反対に固まったものを動かして転がさなければならなくなる。すべてが一時のかりそめとなり、こうなるといきおいたえず変化拡大へと突き進まざるをえなくなる。こうしてドイツ帝国は国家であることをやめて、すっかり征服戦争の道具と化してしまったのである。

こうしてみると、ヒトラーとビスマルクのちがいがいかなるものであるかがわかる。ビスマルクは、得るべきものを得たあとは、平和路線へと転換して最後までそれを貫きとおした。

ナポレオンと比較してもちがいははっきりしている。ナポレオンも征服者としては、ヒトラーとおなじく最後は失敗した。だがフランス国の政治家としてナポレオンがなしとげたことは、いまだに多くが残されている。時代を経て国の形態はずいぶんと変わってしまったが、あの偉大なナポレオン法典や教育システムをはじめ、県と県知事を配するひきしまった国家構造はいまなお健在である。

ヒトラーはなんの国家構造も打ち立てなかった。彼が築いた実績は十年ものあいだドイツ国民を圧倒して世界をあわてふためかせたが、はかなくあとかたもなく消えてしまった。それはすべてが破局に終わったからだけではない。到達すべき目標を定めなかったからである。ヒトラーは、ただ記録をねらうだけの競技者《アスリート》としては、ナポレオンをもはるかに凌いでいたかもしれない。だが彼は国政をつかさどる政治家ではなかったのである。

第3章

成功

長い失敗時代と長い成功時代

ヒトラーの成功の軌跡は、その人生の軌跡とおなじく、謎の曲線を描いている。「遍歴」の章で見たように、彼の人生の曲線は、まったく光の当たらない前半の三十年と、表舞台に出て暴れまわる後半の二十六年のあいだにはっきりと断絶があり、これが謎をかきたてた。かたや成功曲線をたどってみると、ここではそのような断絶が一度ならず二度も見られるのである。

ヒトラーの成功はすべて、一九三〇年から四一年の十二年のあいだに集中している。それ以前の十年間は失敗続きだった。一九二三年のクーデタは失敗に終わり、一九二五年に新設した党は一九二九年までうだつのあがらない分裂グループだった。あいだをおいて一九四一年の秋からは、またしても成功に見放された。軍事行動は挫折続きで、敗北が重なり、同盟国は脱落し、敵陣営は結束を固めた。結末は誰もがよく知るとおりである。だが一九三〇年から四一年までのヒトラーは、内政も外交も軍事も、やることなすことなにもかもうまくいった。世界はただ固唾をのんで見守るばかりだった。

年代を追ってみよう。一九三〇年国会選挙で前回の八倍の票を獲得。一九三二年得票数さらに倍増。一九三三年一月ヒトラー首相誕生、七月すべての野党解散。一九三四年大統領を兼務、同時に国防軍総司令官に就任、全権掌握。国内での目標はすべて達成、以後外交政策での成功ラッシュはじまる。

一九三五年ヴェルサイユ条約を破棄し徴兵制復活、なにごともなし。一九三六年ロカルノ条約を破棄しラインラント進駐、なにごともなし。一九三八年三月オーストリア併合、なにごともなし。九月ズデーテン地方併合、なにごともなし、どころかフランス、イギリスこれを積極的に承認。一九三九年三月ボヘミア、モラヴィアを保護領化、メーメル地方占領。外交での躍進はこれで品切れ、以後抵抗に悩まされる。

こんどは軍事的成功の嵐が押し寄せる。一九三九年九月ポーランド制圧、一九四〇年デンマーク、ノルウェー、オランダ、ベルギー、ルクセンブルク占領、フランス制圧、一九四一年ユーゴスラヴィア、ギリシャ占領。ヨーロッパ大陸を支配する。

全体を見てわかることは、まず失敗続きの十年、そのあと目もくらむような成功の嵐が十二年続く、それからふたたび四年間失敗を重ね、ついに破局を迎えて終焉。そして失敗と成功のあいだに、かならず断絶が見られるのである。

どこをどう探しまわっても、歴史にこれと似た例はみつからない。上昇と下降の落差の大きさ、成功と失敗のめまぐるしさ、まさに前代未聞である。失敗ばかりの一時期、成功ばかりの一時期、そして失敗ばかりの一時期、これら三つの期間がこれほどくっきり区切られている人生などあったためしがない。

長いあいだ希望のない無能な人生を送ってきた男が、やおら天才政治家として一国を支配し、そのあとふたたび希望のない無能者として生涯を終える。おなじ一人の人間にこんなことがありうるのだろうか。どうしても解明しなくてはならない。こんなときややもすると、卑近な経験をひきあいに出し、ありきたりの知識を寄せ集めて、通り一遍の説明で片づけようとする傾向があるが、そんなことで始末のつく問題ではない。

たしかに、どんなに有能な政治家でも、いついかなるときも煌《きら》めいているわけではない。ときに失敗し、全力でとり返そうとする。わかりきったことだ。そして頂点を極めるまでに、準備期間、修業時代、いわば「助走」が必要なのも当然だ。さらに頂点を極めたあとしばらく疲れてたるんでしまったり、逆に自信過剰で力みすぎてしまうことも周知の事実である。

だがヒトラーにだけは、こんなありきたりな説明は通用しない。長く続く成功時代と長く続く失敗時代、このあいだを切り裂く二度の鋭い亀裂、この説明がつかないのである。ヒトラーの性格や考え方が変わったとか、彼の能力が増したとか衰えたなどというのは、どだい説明にならない。ヒトラーはつねに変わらずヒトラーであり続けたのだ。

不気味なほどの一貫性

歴史上の人物には、成功におぼれて自分を見失ってしまう例がすくなくない。ヒトラーにはけっしてそのようなことはなかった。有頂天のあまり手綱をゆるめてしまうとか、手綱が手からすべり落ちてしまうなどということはけっしてなかったのである。活力も精神力も、はじめから最後の一日まで変わらず驚嘆すべきものだった。最後に彼の権力範囲は総統官邸の地下壕だけに萎《しぼ》んでしまったが、それでも支配力は絶対だった。

地下壕で生活をともにしていたエーファ・ブラウンの義弟フェーゲライン（親衛隊総司令連絡官）が、一九四五年四月二十八日、つまりヒトラーが自殺をとげる二日前に逃亡を企てた。ヒトラーはすぐ連れ戻して射殺するよう命じた。逃亡者はすぐ連れ戻され、射殺された。ヒトラー持ち前の即決即行はいまわのきわまで健在だったのである。

最後四年間失敗続きのヒトラーも、それ以前の成功続きのヒトラーも、なんら変わるところがなかった。薬物に依存してても、不眠に悩まされても、ときどき手がふるえても、それでこの男の決断力や実行力が鈍ることはまったくなかった。

戦争末期のヒトラーは抜けがら同然の生ける屍にすぎなかったと、まことしやかに伝えたがる記述があるが、こんなものはみな救いがたく誇張されている。十二年間成功しつづけたあと、ヒトラーは一九四一年から四五年まで、失敗を重ねて破局をまねいた。だがそれは肉体と精神の衰えで説明できるものではない。

その一方で、肉体的衰弱とは真っ向から対立する説を掲げて、破局の原因を説明しようとするむきもある。成功に味をしめた者が狂気にかられ、運命に逆らってまでもおのれの意志を貫きとおそうとした、そのおごり高ぶりが破滅をまねいたというのである。

だが、この説明にも無理がある。誰もが知るように、ヒトラーはロシアを攻撃しようと決意し、これが没落のはじまりとなった。だが、これは成功に慢心したあげく思いついた計画などではなかった。ロシア攻撃は前々から決まっていたことであり、熟慮のすえに決定した最重要目的だったのである。このことは一九二六年に刊行された『わが闘争』のなかにも書かれてあり、理由も説明されている。

もうひとつ、一九四一年に下した決定で致命的だったのは、アメリカに宣戦布告したことだ。だがこれも思い上がりの結果ではなく、絶望のせつなに飛び出た決断だった(これについては次章「誤謬」でくわしく述べることにする)。

そして、たとえ失敗しても一度決めた方針にあくまで固執するヒトラーの頑固さ、この性向も昔からのものだった。一九二五年から二九年まで、ヒトラーはどんなに努力しても、合法的に政権を獲得することができなかった。だがそれでも彼は頑として合法路線を貫いたのである。

ヒトラーが狂気にとりつかれていたとすれば（見方によっては狂人と呼べるだろう）、彼は最後の段階で気が狂ったのではなく、はじめから狂気にとりつかれていたのである。早々に挫折した無名のボヘミアンが、政治家になろうと決断したことからして、すでに狂気の沙汰だったのではないだろうか。

ヒトラー自身繰り返し、はじめのいちかばちかの大勝負にくらべたら、あとの勝負はみな子供のゲームみたいなものだと述べているが、これはそのとおりであろう。それはそれとして、彼の政治家としての「修業時代」は異常なまでに短い。そもそも修業時代などといえるほどの期間ではない。ようするにこの男が修業して学んだのは、一九二三年ミュンヘン一揆に失敗したときだけだったのだ。

それ以外この男は不気味なほど変わらないままだった。政策も一九二五年から四五年まで終始一貫して変わっていない。この二十年のうちに二度変化があった。だがそれはヒトラー自身に関することではなく、彼にたいする抵抗の度合いが変わったのだった。

ヒトラーの成功の秘密を解きあかすカギはここにある。つまりヒトラーが成功したのは、彼自身が変化したからではなく、相手のほうが変化し交代したからだ。

ただ倒れゆくものを倒しただけ

ヒトラーの「実績」と「成功」を分けたのには、しかるべき理由がある。実績というのは、個人の力である。これにたいして成功といった場合は、つねに相手がいる。こちらの成功は、むこうの失敗である。むこうが弱ければこちらが勝ち、むこうが強ければこちらは負ける、わかりきったことだ。だがわかりきったことほど見落とされがちなものだ。ヒトラーの場合も、わかりきったことさえ見落とさなければ、すべてが見えてくる。

そのためにはすこしばかりヒトラーから離れて、彼が敵対した相手に注目することが大事だ。そうすればヒトラーがなぜ成功したのか、なぜ失敗したのか、たちどころにあきらかになる。

つまりヒトラーの成功は、けっして強い相手あるいは粘り強い相手をむこうにまわして勝ちとったものではなかったということだ。一九二〇年代末の空洞化したワイマール共和国ですら、あるいは一九四〇年の弱いイギリスでさえも、彼には強すぎる相手だった。そもそもヒトラーには、弱い者が強い者を翻弄してこれを打ち負かすようなゆたかな知恵も俊敏な機動力もそなわっていなかった。

一九四二年から四五年まで、連合国を相手に戦ったときも、彼には連合国どうしの不和軋轢をたくみに利用して、敵の結束を粉砕するような考えなどみじんもなかった。それどころか、このさまざまに矛盾を抱えた東西両陣営の不自然な同盟を、誰にもまして一致協力にむかわせたのがヒトラー自身だった。何度も瓦解寸前に陥っていた連合国を、彼は持ち前の頑固さを総動員して団結させてしまったのである。

彼が成功を勝ちとった相手というのは、おしなべて抵抗力がなかったか、抵抗する気がなかったかのどちらかだった。ワイマール共和国に最後のとどめを刺したとき、この共和政体はすでに骨抜きにされ、事実上放棄されていた。ヴェルサイユ体制を葬り去ったとき、この国際協調の牙城はすでに内側から動揺し、ガタガタになっていた。いずれの場合もヒトラーはただ、倒れゆくものを倒しただけのことだった。

一九三〇年代のヒトラーも、もっぱら弱い敵だけを相手にした。ドイツの保守派たちは、いっときヒトラーにたいしてワイマール共和国の後継争いを挑んではみたものの、政権の構想もなく、内部闘争を繰り返すばかりで、結局のところヒトラーに対抗するのか、それとも連携するのか、それすらわからずにぐらついていた。

おなじように、ヒトラーに対抗するのかそれとも連携するのかぐらついていたのが、一九三〇年代後半のイギリスとフランスの政治家たちだった。彼らの優柔不断のおかげで、ヒトラーはまんまと外交的成功をおさめることができたのである。

一九三〇年のドイツ、一九三五年のヨーロッパ、そして一九四〇年のフランス、これらをつぶさにながめてみると、当時の人びとを魅了していたヒトラーの奇跡的成功が、じつは奇跡でもなんでもなかったことがわかる。しばしヒトラーから目を離すことになるが、当時の状況に目を転じてみることにする。すこしばかりそのころの歴史がわかれば、なぜヒトラーが成功したかも見えてくるだろう。

ワイマール共和国の不幸な歴史

一九三〇年九月にヒトラーが国会選挙で最初の大勝利をおさめる前から、ワイマール共和国はすでに瀕死の状態だった。その年の三月に成立したブリューニング政権からしてすでに、議会に拘束されない最初の大統領内閣だったのだ。この大統領内閣というのは、議会制民主主義を捨ててまったく別の権威主義的な国家体制をつくるまでの、いわば過渡期の政府として考えだされたもので、政策の中身も考えもあいまいで煮詰まっていなかった。

ブリューニングは、後任のパーペンやシュライヒャーとちがって、合憲的手段すれすれの、いわゆる大統領の「緊急令」にすがっていた。議会もこの緊急令をしぶしぶ容認し、ブリューニングはかろうじて政権を維持することができた。だがブリューニング内閣には、憲法が前提とする議会の過半数の支持がなかったのである。議会の支持もなく緊急令を濫発して政権を維持するなど虚構の政権にほかならず、結局ブリューニングはワイマール憲法を事実上骨抜きにしてしまったのである。

したがって、ヒトラーの攻撃を受けてはじめてワイマール共和国が倒れたというのは、まちがいである。ひろく出まわっている説であるが、これはまちがいである。ヒトラーがいかめしく舞台に登場したとき、すでにワイマール共和国は倒れかかっていたのだ。そして一九三〇年から三四年まで、ドイツ国内ではげしい政争が繰り広げられたが、それは事実上ワイマール共和国を守るためではなく、共和国なきあとの後継者を決めるための争いだった。

ここで問題になったのはただひとつ、すでに命運尽きた共和制に代わってなにをもってくるかということ、すなわち保守派による王政復古か、もしくはヒトラーに政権をとらせるかということだった。

これがワイマール共和国の末路であった。だがそれまでの経緯を理解するには、この共和国がたどった歴史をざっとながめてみる必要がある。はじめから不幸な歴史だった。

ワイマール共和国が誕生したとき、これを支えたのは中道左派、すなわち社会民主党、自由主義左派、カトリック中央党からなる三党連合だった。この三党連合はすでに帝政末期に帝国議会多数派を形成し、一九一八年十月、ドイツ帝国終焉の瀬戸際に実質的な議会制を実現していた（より正確にいえば、戦勝国の民主化要求によって棚ぼた式にころがりこんだのだった）。

一九一八年十一月の革命後、三党連合は国民議会においていわゆる「ワイマール連合」を形成して、ワイマール憲法を制定し、政権を担った。だがわずか一年後の国会選挙で、ワイマール連合は国会議席の過半数を失い、以後ふたたび過半数を獲得することはなかった。

そうしたなか、一九一八年十一月の革命が起こったが、これが思惑どおりにはいかなかった。革命勢力はワイマール連合とそりが合わず、鎮圧されてしまったのである。左翼革命派はこれに幻滅し、怒りをあらわにして恒久的野党と化し、ワイマール国家を受け入れず、政府と和解することもなかった。だが革命は、二度と後戻りすることのない成果をもたらした。帝政を廃止したのである。

その後ワイマール連合は、革命によってなしとげられた共和制を自分たちのものにしようと努力した。だがそのことでかえって、右翼勢力までも敵にまわすことになってしまった。こちらのほうは左翼勢力よりも数が多く強力であり、ワイマール政府を承認しないことについては、左翼革命派と同様であった。

そして右翼のほうが左翼よりも危険であった。というのも、軍隊および官公吏の重要ポストはほとんど右翼が占めていたからである。つまりワイマール国家は国政運営のはじめから、憲法に反対する者たちの大軍を敵にまわさなければならなかったのだ。しかも一九二〇年以降は、共和制に異を唱える左右両派の敵対者たちがよりあわさって、どうにか国会の過半数を形成するという、きわめて不安定なありさまだった。

こうしてワイマール共和国は、発足していくらもたたぬうちから、まるで難破船のように制御不能に陥り、こうした状態が一九二五年まで続いたのである。ほとんど毎年のように、右翼左翼どちらかの一揆があった（一九二三年のヒトラー一揆などは数あるなかのひとつにすぎない）。共和国はもう長くないと誰もが思っていた。

だがそれからしばらくのあいだ、ワイマール共和国がまとまりを見せたように思われた時期があった。一九二五年から二九年のいわゆる「黄金の二〇年代」である。ヒトラーにとっては成功に見放された時期で、いくら声高に共和国への憎悪を叫んでも共鳴を得られず、ほとんど笑いものになっていた。なにが変わったのだろう。「共和主義者なき共和国」が、とつぜん息を吹き返したのはなぜだったのか。

理由はいくつかある。なんといってもグスタフ・シュトレーゼマンという有能な外相が、旧敵国との和解の道をひらき、ドイツに課せられた負担の軽減を勝ちとり、すこしばかりドイツの誇りをとり戻したことが大きかった。アメリカから資金が流れこみ、ささやかながら経済が活気づいた。

だがいちばん重要なことは、右翼の反対勢力が一時的にせよ、共和国政府への敵対をやめにして、しぶしぶながらも政権運営に参加したことだった。それまで彼らは共和制を拒絶して、省庁官庁に陣どり、巨大な反政府勢力となっていたのだが、しばらくのあいだ「分別ある共和主義者」になったのである。

策士たちの誤算

共和国内部にこのようなちょっとした心変わりを引き起こし、まとまりのチャンスをもたらした決定的なできごと、それは一九二五年四月ヒンデンブルクが大統領に選ばれたことだった。これは共和国の終わりのはじまりだろうと、人びとは思い、それを期待した。まったくの思いちがいだった。

ヒンデンブルクの大統領就任は、共和国にとって幸運であり、存続する唯一のチャンスをもたらしたのだ。なぜなら、帝国陸軍の元帥で第一次世界大戦の英雄でもあったヒンデンブルクがトップに座れば、共和国をかたくなに拒否してきた右翼たちも心変わりして、共和国を素直に受け入れるだろうと思われたからである。和解の道がひらけたのは事実だった。

一九二五年から二九年まで、カトリック中央党、自由主義右派、保守派からなる中道右派連合が政権を担い、まとまりの機運が醸成された。これによりつかのまではあったが、ワイマール共和国においてはじめて、そしてただ一度きり、議会政治が左右両翼に多彩なひろがりを見せたのだった。共産党やナチス党のような過激集団は蚊帳の外だった。社会民主党と自由主義左派はこのとき野党にとどまったが、むろん国家への忠誠は疑いのないものだった。

だがそれもつかのまのエピソードにすぎなかった。一九二八年右翼政権が選挙に敗れ、一九二〇年以来ひさしぶりに社会民主党から首相が選ばれると、すべては元の木阿弥だった。保守派は、右翼の大物で大実業家のフーゲンベルクを党首にかついで、ふたたび断固たる決意で反政府路線に乗りだしたのである。穏健派のカトリック中央党までもが、新党首カースを筆頭に、いまこそ議会に拘束されない権威主義的政権を打ち立てる必要があると唱えだした。

そして国防軍内部では、「政治将軍」の異名をもつシュライヒャーが、国家転覆の陰謀を企てはじめたのである。シュライヒャーによれば、一九二八年の選挙のような、右翼が敗れるようなことが二度とあってはならない、かつてのビスマルク時代のように、議会にも選挙にも左右されずに、右翼政権が永遠に続くようにしなければならない、そのためには議会政治を廃して、大統領内閣をもってくることだ、というのである。

一九三〇年三月までの動きを追ってみよう。シュトレーゼマンが、一九二九年十月に世を去った。おなじ月、アメリカ株式市場が大暴落して世界経済恐慌が起こり、それはすぐさまドイツに壊滅的な影響を及ぼした。政府はなすすべをしらず、退陣した。今回ばかりは、もはや議会主義政権では難局を乗りきれそうもなかった。これに代わってシュライヒャーが擁立した、当時ほとんど無名の中央党右派のブリューニングが首相になった。

ブリューニングは議会の過半数の支持をもたなかったが、そのかわりに独裁に近い全権を託され、議会に拘束されない権威主義的な政権への橋渡しをするよう、シュライヒャーからひそかに言いふくめられていた。さしあたってブリューニングは、憲法第四十八条大統領緊急権力にもとづく緊急令を発動しながら政権を運営した。そして議会がこれを否決すると、彼は議会を解散させた。

これはヒトラーにとってチャンスだった。一九二五年から二九年まで、共和制が健全に機能しているかぎり彼の出番はなかった。一九三〇年の危機に乗じて、ナチスはいっきに第二党にはねあがったのである。

ヒトラーが間近に迫っていた。これを見て社会民主党までもが、議会政治を無視したブリューニングの緊急令政策を、「より小なる悪」として容認するありさまだった。

これによりブリューニングは、二年そこそこのあいだ、合憲すれすれの線で政権を運営することができた。だが危機は高まり、ヒトラーの波もひたひたと打ち寄せていた。

加えて、ブリューニングはシュライヒャーから、緊急令に依存する政権から新しい権威的な政権へと橋渡しするよう要請されていたが、これを実現することができなかった。そのため彼は一九三二年五月辞任を余儀なくされた。シュライヒャーが次にかつぎだした新首相は、パーペンという軍人あがりの野心家で、この男はブリューニングにもまして議会の後ろ盾をもたない、ただ乗馬が得意なだけの貴族だった。

パーペンが組閣した政権は、閣僚十人のうち七人までもが貴族だったので「男爵内閣」と呼ばれたが、従来と異なるまったく新しい方針を掲げていた。まずパーペンは国会を解散した。するとたちどころにナチスが議席を倍に増やし、第一党となった。これでいっきに選択肢は、パーペン&シュライヒャーかヒトラーのどちらかにせばまった。議会制共和政体を口にするものなど、もうどこにもいなかった。議会政治は無言のうちに葬り去られたのである。共和国なきあとの後継者争いが繰り広げられた。

一九三二年八月から三三年一月までの数カ月、パーペン&シュライヒャーとヒトラーのあいだですさまじい権謀術策の応酬が交わされたが、くわしいことはここでは述べない。ヒトラーのほうが強いことは、はじめからあきらかだった。その理由は簡単で、ヒトラーは一人、相手は二人だったからだ。そしてヒトラーは大衆を味方につけていた。一方、パーペンとシュライヒャーの側には、滅び去った帝国のふぬけエリートしかいなかった。

さらに、これはとくに重要なことだが、ヒトラーは自分がなにをすればいいのかはっきりわかっていた。これにたいしてパーペンとシュライヒャーにはそれがわかっていなかった。というより、そもそもわかりようがなかったのである。

彼らがもくろむ権威主義的国家なるものの行く先は、すでに八十五歳だったヒンデンブルク大統領なきあと、王政を復活するしかなかったであろう。だがパーペンやシュライヒャーにその目算など立ちようがなかった。なぜなら、誰もが納得するような、ふさわしい王位継承者などどこにもいなかったからである。

そのために彼らはありえない妄想に迷いこんだ。スマートな乗馬の名手として知られたパーペンが描いた夢は、すべての政党を禁止して、上流階級、つまり貴族だけの独裁制を打ち立てることだった。むろん後ろ盾は国防軍の武力である。

シュライヒャーも想像力のたくましさではパーペンにひけをとらなかったが、パーペンのプランでは国防軍に荷が重すぎると考えてやや現実味をおびた陰謀を画策した。つまりナチスを分裂させて、ヒトラーを除いたナチス穏健派に、労働組合、若手頭脳集団《ブレイントラスト》そして国防軍を加えて連合をつくり、これを基盤に身分制ファシズム国家を打ち立てようというのであった。

もちろんこんな計画は、どちらもすぐに失敗した。だがいちばん重要な点は、二人がこれにより仲間割れしたことだった。シュライヒャーはパーペンを失脚させ、みずから首相になった。パーペンのほうは復讐を誓い、のるかそるかの大博打に出てヒトラーと組み、ヒンデンブルクを説得してシュライヒャーを辞めさせ、ヒトラーを首相に就かせたのである。

ヒトラー最大の敵はドイツの保守勢力だった

パーペンは以前からヒトラーを、格下のパートナーとして（いわば太鼓たたきとして）自分の政権に受け入れる覚悟があった。いまは立場が逆転していたが、自分が格下となってヒトラー首相のもとで糸を操るつもりでいた。パーペンはこの期に及んでもまだ、貴族的保守政権のもとで、ヒトラーを枠にはめこんで統御できるとたかをくくっていたのである。

それは無駄なことだった。ヒトラーはその後保守派の小物たちをだしぬいて、一九三四年八月にヒンデンブルクが世を去ると全権を掌握した。その経緯については、あまりにもよく知られているので、細かく述べる必要はないだろう。ただ一般に知られていないことで、ぜひ記憶にとどめておきたいことがある。意外に思う人も多いかもしれないが、それは次のことである。

一九三〇年から三四年の国内政争において、ヒトラーが真剣にむきあわなければならなかった相手、ときとして真っ向から勝負しなくてはならなかった唯一のライバルは、じつは右翼＝保守勢力だったのである。それ以外の自由主義左派、カトリック中央党、社会民主党、そして共産党も、ヒトラーからすればまったくおそるに足らない存在だった。

こうした状況は、一九三四年以降ヒトラーが独裁権力を掌握したあとも変わらなかった。自由主義左派、カトリック中央党、社会民主党のなかで多少なりとも抵抗の姿勢を見せたのは、おのれの信念に忠実な者だけだった。そんな者でさえもほとんどが受け身にまわり、国内に潜伏するか、海外に亡命するかしたので、ヒトラーにとってはなんのおそれもなかった。

唯一光彩を放ったとすれば、それは共産党の小グループによる抵抗運動や地下活動だ。何度掃討されてもまた旗揚げを繰り返す、彼らの死をもおそれぬ勇敢な行動は、人間として尊敬に値する。だがこれもヒトラーからすれば、ただの警察沙汰であり、取り締まればそれで片がついた。

だが右翼保守勢力は、軍事、外交、官庁の各分野にしっかりと根をおろしていたから、これを迎え撃つには政治的手腕を要した。彼ら保守勢力の手を借りなければ、日常の活動さえ成り立たないのだ。だからあるときは味方につけ、あるときは叩きつぶすといったふうにやっかいな対応を迫られたのである。

一九三四年夏の危機（いわゆる血の粛清事件）が勃発すると、パーペンとシュライヒャーはいまふたたび手を結んで策動した（だがシュライヒャーは殺害され、パーペンは国外の外交官ポストに左遷された）。

国防軍の保守派将校たちは、一九三八年と一九三九年に反ヒトラークーデタを計画していた。ゲルデラー、ポーピッツといった保守政治家たちは、戦争期間中ずっと国防軍、政界、財界の反ヒトラーグループと連絡し合って陰謀を練りあげていた。

そして一九四四年には、反ヒトラー保守派グループの政治家、軍人たちが連合を結成して、七月二十日ついにヒトラー暗殺を企てたのである。だがこの七月二十日のクーデタの中身そのものは、社会民主党の若手議員に臨時政府の大臣ポストをふりわけるなど目をひく表看板は掲げてあったが、国家構想としてはきわめて保守的な内容で、はっきりいって、宮廷貴族の革命ごっこのようなものでしかなかった。

この企てが挫折したのは、なんといってもその国家理念が、貴族のお坊っちゃんが夢見るような現実離れした保守反動的なものであったためだ。知恵が足らず、時代錯誤もはなはだしい、国民の実情から乖離した、パーペンやシュライヒャーの夢想と大差ないものだった。

左翼的ポピュリストとしてのヒトラー

こうしてみると、保守勢力の敵対もヒトラーからすれば、真に危険なものではなかった。彼はそうした動きをなんなく断ち切ってみせたのである。だがそれでも保守派の抵抗は、ヒトラーを最後まで手こずらせた唯一の反抗運動であった。わずかながらも彼を倒す可能性を秘めていたし、すくなくとも一度は実際にクーデタを試みた。そしてこれらの敵対活動はみな右翼によるものだった。つまり右翼から見ればヒトラーは左翼だったのである。

これは考えてみなくてはならないことだ。今日多くの人びとは、ヒトラーといえば極右に決まっていると思いこんでいるが、それは安易な考えだ。

もちろん彼は民主主義者などではなかったが、権力の基盤をエリートにではなく、大衆に置くポピュリストであった。見方によっては、絶対権力にのぼりつめた民衆煽動者といえた。彼が用いた最大の武器は煽動であり、つくりあげた支配機構は序列化された階級制度ではなかった。混沌としてまとまりのない大衆組織を、頂点に立つ彼一人がたばねて統括したのである。どこを見ても右翼というより、左翼的性格が濃厚であった。

二十世紀の独裁者たちを並べてみると、ヒトラーはどうやらムソリーニとスターリンのあいだに位置する。ややこまかくいえば、ムソリーニよりもスターリンに近い。ヒトラーをファシストなどと呼ぶのは、まちがいもはなはだしい。ファシズムというのは上流階級による支配であり、大衆の熱狂を作為的に生みだして、自分はその上にあぐらをかくのである。

ヒトラーも大衆を熱狂させはしたが、けっして大衆を離脱して、上流階級にのし上がろうとはしなかった。彼は階級政治家ではなかったのだ。彼が唱えた国民社会主義（ナチズム）は、ファシズムとはまったくちがうものなのである。すでに前章で見たとおり、ヒトラーが唱えた「人間の国有化」は、ソ連や東ドイツのような社会主義国にぴったりあてはまる。ファシズムの国々では、この「人間の国有化」というのはほとんど進まないか、あるいはまったく欠落しているかのどちらかである。

スターリンの社会主義とヒトラーの国民社会主義（この社会主義という共通項があるのに注目）、この両者のちがいは、ヒトラーの場合、生産手段の私的所有が認められ存続していることである。これはマルクス主義者にとってはたしかに重大なちがいかもしれない。ただヒトラードイツのような全体主義国家では、そう問題にはならないだろう（人間が国有化されているのだから、私的所有云々は問題にならない）。

だがいずれにしても、ヒトラーのナチズムとムソリーニのファシズムのあいだには、もっと決定的なちがいがある。ヒトラードイツは君主制ではなかった。独裁者を解任したり、別の人物と交代させることはできなかった。固定された階級制度もなかった。憲法もなかった（ファシズム憲法などもむろんなかった）。伝統的な上流階級との結びつきもなかった。まして上流階級の手先になるようなこともいっさいなかった。

外観の装いが、本質の多くを教えている。ムソリーニはモーニングの正装も党の制服もおなじ頻度で身につけた。ヒトラーがモーニングを着たのは、一九三三年から三四年の過渡期だけ、つまりヒンデンブルク大統領がまだ存命で、パーペンと見せかけの連携をたもたなければならなかったほんの一時期だけだ。それ以後は、スターリンとおなじように、ずっと制服だけで通した。

戦後ドイツとワイマール共和国の決定的なちがい

一九三〇年から三四年まで、ヒトラーが国内でなしとげた成功についてはこのくらいにしておこう。次に一九三五年から三八年まで、彼が外交においてなしとげた成功を、同時代の歴史をたどりながら見てゆくことにする。

ただその前に、こんな疑問に答えておかなければならない。もしヒトラーが現代の西ドイツに登場して、しかも一九三〇年ごろのような経済恐慌や大量失業が国内を見舞っていたとしたら、はたして彼はワイマール共和国時代とおなじように権力を握ることができたかどうか、という疑問である。

ヒトラーが権力を掌握する経緯はこれまで見てきたとおりだ。だからもし私たちの分析が正しければ、答えは簡単だ。ノーである。ヒトラーにあのころとおなじチャンスはめぐってこないだろう。その理由は、いまの西ドイツには、国家体制を否定してこれを破壊し、ヒトラーのような人間に道をひらくような右翼勢力が存在しないからである。

ひとつの国家が、経済恐慌や大量失業であっけなく倒れることはまずない。もしそうなら、一九三〇年から三三年ごろ、千三百万もの失業者を抱えていた不況時のアメリカなどは、とうの昔に崩壊していたはずだ。ワイマール共和国は、経済恐慌や大量失業によって崩壊したのではない。むろんそうした現象が没落の気分に拍車をかけたことは否めないが、それで倒れたのではなかった。

ワイマール共和国を破壊したのは右翼勢力だったのだ。右翼たちは前々から、議会制度を廃止して、得体の知れない権威主義的国家をつくりあげようと決意を固めていたのである。だからワイマール共和国はヒトラーによって倒されたのではない。彼が首相になったとき、すでに共和国は倒れていたのである。ヒトラーは、共和国を破壊した連中を骨抜きにしただけだ。

戦後の西ドイツとワイマール共和国のちがいは、いまの西ドイツには、ワイマール共和国を破壊したような右翼勢力がもはやいないということだ。戦後ドイツの右翼たちは、共和制、議会制度、民主主義へと転換した。それはおそらく、彼らがヒトラーとの争いに破れ、ヒトラーにたいする長年の抵抗が、血を流すだけの無駄な試みでしかなかったことを、いやというほど味わったからだろう。

いずれにせよ右翼たちは、大衆煽動者と血みどろの指導権争いをするよりも、国会の場で左派政党と政権交代を競いあうほうがよいと判断したのである。その意味で彼らも、ヒトラーからずいぶんと学んだことになる。かつての右翼政党とカトリック中央党が融合して、キリスト教民主同盟（ＣＤＵ）を創設したが、これなどは右翼が方針転換した最たるしるしであった。このことは、社会民主党がその昔、革命政党を脱却して議会政党へと転換したのとおなじく、まさに世紀の一大事であった。

今日の西ドイツにあって、ワイマール共和国になかったもの。それは民主主義右翼である。西ドイツの政権は中道左派連合によって運営されているが、議会は左右両翼に多様な政党がひろがっている（極右極左過激グループは除外されている）。これにより、一九三〇年当時ヒトラーに道をひらいたような動きは二度とありえないと考えられる。

戦後の西ドイツは、政治構造からして、ワイマール共和国よりもはるかに堅牢で分厚い民主主義国家である。それはボン基本法（西ドイツの暫定憲法）のほうがワイマール憲法よりもなにかにつけすぐれているということだけではない。たとえ右翼政権ができたとしても、あるいはテロリズムの影響で法律がきびしいものになったとしても、この構造は変わらないだろう。

だからいまの西ドイツをヒトラー帝国と比較する人びと（それはほとんどがヒトラー時代を体験していない人びとだが）、そういう人びとは自分がなにをいっているかわかっていないのである。

ドイツ人の誇りを傷つけたヴェルサイユ条約

ヒトラーの国内における成功はこれくらいにして、国外での成功に目をむけることにしよう。この男が外交的勝利を勝ち得たのは、国内におけると同様、彼自身が強かったからではなく、相手が弱かったからである。

一九三〇年、ワイマール共和国が瀕死の状態でヒトラーの前に横たわっていたことはすでに述べた。これとおなじく一九三五年、ヨーロッパの平和体制も壊滅状態にあった。国内でも国外でも、現状を維持しようという者たちは意気阻喪していたのである。そして現状を変えたいと考える者たちのなかには、しぶしぶながらヒトラーに手を貸す者たちがいた。

なぜそんなことになったのか。それを理解するには、一九一九年に成立したヨーロッパの平和秩序、いわゆるヴェルサイユ体制の歴史を簡単に振り返ってみなければならない。

これもまた、先に見たワイマール共和国の歴史とおなじく、不幸な歴史である。ヴェルサイユ体制も、ワイマール共和国も、滅びの構造はおなじだった。両者とも生まれながらに欠陥があったのである。

ワイマール共和国の場合は、国家運営に欠かすことのできない最強の権力集団、すなわちドイツの右翼勢力を、はじめからとことん骨抜きにしてしまうでもなく（一九一八年の革命はその絶好のチャンスだった）、あるいはこれを新しい共和国にすっかり組みこんでしまうこともしなかった。ワイマール共和国が挫折したのはこのためである。

これとおなじく、ヴェルサイユ体制も、ヨーロッパの安定にもっとも欠くことのできない最強国、すなわちドイツをとことん骨抜きにしてしまうでもなく、さりとてこれを秩序体制にすっかり組み入れることもしなかった。ヴェルサイユ体制が挫折したのはこのためである。

ワイマール共和国もヴェルサイユ体制も、逆のことをやってしまった。かつてメッテルニヒが、ナポレオン戦争後のフランスをウィーン体制に組み入れたのとちがって、第一次世界大戦の戦勝国は、敗戦国ドイツを平和秩序創設のメンバーに加えず、これを侮辱してたたきだしたのである。

そのうえヴェルサイユ体制の創設者たちは、ドイツを分断もしくは占領して永久に抵抗できないようにしてしまうこともせず、かえってドイツの統一と独立を許したばかりか（先見の明なしとはこのことをいうのだろう）、やるに事欠いて、それまで歯止めになっていた対抗勢力を排除して、ドイツの国力をさらに強化してしまったのである。

ドイツ国民がヴェルサイユ条約をことのほか屈辱と感じた理由は、心情的によく理解できる。ほんとうに屈辱的な条約だった。とくにその成立過程は屈辱以外のなにものでもなかった。それは条約などといえるものではなく、憤激したドイツ国民がそう呼んだように、まさしく絶対命令だった。

それ以前のヨーロッパにおける平和条約というのは、勝者と敗者が交渉し、合意したうえで締結するのがならいだった。むろん交渉の立場は勝者のほうが優位ではあったが、敗者も正式に参加してその名誉は十分に守られたから、敗者の側も合意内容に異存はなく、これを遵守しようという道義的責任感が生まれたものだった。

ところがヴェルサイユ条約の場合、ドイツ側は交渉の協議に参加することも許されず、いきなり条約案を突きつけられて、署名しなければ戦闘再開すると最後通牒をもっておどされたのである。おどされてやむなく署名した事柄に、ドイツ側が道義的責任など感ずるはずがなかった。条約の内容は、名誉を逆なでする陰険で差別的な項目でいっぱいだった。だがそんなものをあげつらうまでもなく、ドイツ国民は瞬時にして「ヴェルサイユの束縛など払いのけてやる」と決意を固めたのである。

このときのドイツ国民の決意が、一九一九年から三九年まで、ワイマール時代もヒトラー時代も変わることなく、ドイツの外交政策を貫いたのだった。そしてワイマール共和国も、「ヴェルサイユの束縛を払いのける」ことについては、ヒトラー政権同様、それなりの成功をおさめた。ヒトラーが政権を握ったとき、すでにヨーロッパの平和秩序たるヴェルサイユ体制はすっかり破綻していたのである。

未完のままのドイツ包囲網

そもそも「ヴェルサイユの束縛」など、条文にはひとことも書かれていなかった。ドイツ・オーストリア合併の禁止、ドイツの再軍備の禁止は条文に明記されてあった。兵力が十万人に制限されることや、幾世代にもわたって賠償金支払いの義務を果たさねばならないことも条文に記されていた。

だが紙切れに書かれたこのような制限や義務を、強制する権力はどこにも存在しなかったのである。ヴェルサイユ条約には、そのような強制権の存在はうたっていなかった。このことはドイツでは屈辱のショックで見落とされていて、あとになってしだいに認識されるようになったのだが、これによってドイツは四年間の戦争でも獲得できなかったものを、棚ぼた式に手に入れることができた。つまりドイツは無条件に、なんの抵抗も受けることなく、ヨーロッパの覇権を手に入れることができるようになったのである。敗戦によって領土は切断されたが、それが足かせになるようなことはなかった。

一八七一年から一九一四年まで、ドイツはヨーロッパでいちばん強い国だった。にもかかわらずヨーロッパに覇権を唱えることはできなかった。それはイギリス、フランス、オーストリア・ハンガリー、ロシアといった列強がドイツをとり囲んでいたからで、ドイツはこれら列強に気をつかわなければならなかったのである。一対一ならばどこにも負けなかったが、四列強に手を結ばれては勝ち目はなかった。

ドイツは一九一四年から一八年まで、世界権力を手にしようと挑んではみたものの、野望は挫かれてしまった。ドイツの野望を挫いたのは、イギリス、フランスにロシア、アメリカを加えた大連合だった。

戦前の四列強のうち、一九一九年のパリ講和条約でオーストリア・ハンガリーが崩壊した。続いてロシアがヨーロッパでの影響力を失い、戦勝国連合からはずれた。それと同時に、一九一七年にロシアを応援しようと参戦してきたアメリカまでもが、戦勝国連合から脱退して、みんなでつくった平和体制への参加を拒否するありさまだった。

つまりヴェルサイユ体制を実質上になったのは、イギリスとフランスだけになってしまったのである。まるでワイマール共和国が、ワイマール連合の三党だけで運営されたのとおなじだった。

ヴェルサイユ体制もワイマール共和国も、ともに基盤が脆弱で重荷を背負う力がなかったのだ。本体を温存されたドイツは、すぐに察しがつくように、ほとぼりがさめるとふたたび強国に舞い戻り、もはやイギリスとフランスの力だけでは、ヴェルサイユ体制のなかに押しこめておくことなどできなかった。かつてオーストリア・ハンガリーがあった地域、そしてドイツとロシアの間の地域には、小さな新興国が次々と生まれた。だがこれら小さな国々は、やがてドイツが戦争の疲弊や敗戦の痛手から立ち直るや、たちまちその従属国になってしまう運命にあった。

ヴェルサイユ体制はドイツに屈辱をあたえ、この中欧の強国に復讐心を植えつけた。その後ドイツはとりつかれたように修羅の道を突っ走り、いかなる手段をもってでも復讐をなしとげようと奔騰《ほんとう》したのである。

宥和政策のパラドクス

ヴェルサイユ体制の責任者であるイギリスとフランスは、やがて自分たちがとりかえしのつかない失敗をおかしたことに、漠然と気づいた。だが彼らはうすうす知りながらも、思いとは反対の決断を下してしまったのである。

イギリスは、条約内容をしだいに緩和させていって（いわゆる宥和政策によって）ドイツをなだめ、この頑固な相手を最終的には平和体制に参加させようと考えた。フランスはこれと反対に、遅ればせながらもドイツを骨抜きにしてしまわなければならないと考えた。この思いを実行するために、フランスは一九二三年ルール地方を占領した。

これによって、英仏間の対立が表面化した。イギリスはフランスに同調せず、結局フランス側が折れ、その後フランスは苦々しい思いでイギリスの「宥和政策」に従ったのである。ところで、イギリスの宥和政策がはじまったのは、一九三八年ミュンヘン会談のネヴィル・チェンバレンのときではない。宥和政策はこのとき終わったのであり、それをはじめたのは奇しくもネヴィルの兄オースティン・チェンバレンであり、それは一九二五年、ロカルノでのことだった。

これに続く時代、すなわち一九二五年から三八年は、国際的にはイギリスの宥和政策の時代と呼ぶことができる。この時期をドイツ国内にあてはめると、まずシュトレーゼマンの時代があり、ヒンデンブルクが大統領に選ばれ、やがてブリューニング、パーペン、シュライヒャーがイギリスの宥和政策に引きずられ、残りの五年間はヒトラーがこれに同調するふりをして過ぎた。

ドイツ国内では、右翼がしばらくのあいだ、しぶしぶワイマール共和国を受け入れて、政権を引き受けた。これとおなじく国際社会でも、ドイツがしばらくのあいだしぶしぶ国際平和秩序、つまりヴェルサイユ体制に敬意を払ってみせた。だがそれは、この平和秩序を一つひとつ切り崩すためのポーズにすぎなかった。

ヴェルサイユ体制は次々と切り崩されていった。シュトレーゼマン、ブリューニング、パーペン、シュライヒャー、彼らの外交上の成功はたいしたものだった。ロカルノ条約が締結され、ドイツと欧米諸国との緊張緩和が進んだ。ドイツが国際連盟に加入し、フランスがラインラントから早期撤退した。賠償金が削減され、ドイツの軍備平等が認められた。

これらの成功は、ヒトラーがなしとげた成功、つまり再軍備、徴兵制復活、イギリスとの海軍協定、ラインラント進駐、オーストリア併合、ズデーテン地方併合などとくらべても遜色のないものであった。だが両者のあいだには決定的なちがいがあった。

ヒトラーの前任者たちは、成功するたびに和解、国際協調の意義を強調して、イギリスの機嫌をとり、宥和政策への支持を心がけた。ヒトラーはこれとは反対に、自分の成功を、まるで敵からまんまと奪いとったものであるかのようにアピールした。それがまたうけた。ドイツ国民の世論がコントロールされていたからだけではない。ドイツ国民の気分は病的なまでに高揚していたのである。

このころのドイツ人は、憎きヴェルサイユ体制をたたきつぶして勝利することをつねに望んでおり、和解とか国際協調の名のもとに外交的成功がもたらされても、あまりよろこばなかった。ヒトラーは自分に外交的成功が期待されていることを十分計算に入れたうえで、これを派手にアピールしたから、イギリスはしだいに気分を害するようになった。

さらにイギリス側は、ヒトラーが見返りを約束しておきながら、いつまでたってもこれを果たさないことに気づきはじめた。だんだんと疑心暗鬼がつのっていった。ひょっとしてこの男は、われわれが承認したことを、本来の目的である平和維持のためではなく、ただ戦争をはじめるための軍備強化に利用するだけなのではないか、そうイギリス側は疑った。

それでもまだイギリスは、ヒトラーがオーストリアを併合したときには、これを平然と容認した。ズデーテン地方が併合されるとなって、さすがのイギリスも口をはさんだ。ミュンヘン会談で、またしてもヒトラーの要求が承認されたとき、イギリス国内ではすでにはげしい反論が湧き起こっていた。

そしてヒトラーが半年後、ミュンヘン協定を破ってチェコに進軍したとき、ついに堪忍袋の緒は切れた。宥和政策は葬られ、イギリス人たちもようやく、ドイツと戦争する覚悟を決めたのである。そこには憤怒とあきらめの思いが入り混じっていた。

ヒトラーは軍事オンチだったか

ヒトラーはこうした外交的成功を、それがセンセーショナルな性格なものだけに、ことさら派手にアピールした。だがそのことでかえって相手側の心証を悪くして、成功の根を腐らすことになった。

してみると、こうした数珠つなぎの成功が、ほんとうの成功といえるのかどうか、あやしいものに思えてくる。むしろこれは、その後の一連の失敗のはじまりだったのではないか。すくなくとも、ひとつの大きな失敗を準備したことだけはたしかだった。

その大きな失敗とは、一九三九年から四一年にかけて、やらなくてもいい戦争をやったことである。それまで戦争することなしに、ヨーロッパにドイツの覇権を打ち立て、文句をつけられることもなかったのに、わざわざ征服戦争をはじめてヨーロッパ諸国を侵略して、それまで築きあげたものをあやうくしてしまったのである。それは、従順になびいていた女性を、わざわざ強姦するようなものだった。

それでもまだ成功は続いた。しなくてもいい成功だった。それどころかゆくゆくは災いをもたらす成功だった。それでも成功にはちがいなく、このたびは政治ではなく、軍事での勝利だった。

そのなかで印象深かったのはただひとつ。フランスに攻めこんで、電撃的勝利をおさめたことである。ドイツがポーランドを皮切りに、足のむくまま気のむくままに、デンマーク、ノルウェー、オランダ、ベルギー、ルクセンブルクを次々に併呑し、さらにユーゴスラヴィア、ギリシャまで制圧したことは、なんら驚くべきことではなかった。ただ憎悪と恐怖を引き起こしただけで、誰の称賛もあびなかった。

だが第一次世界大戦であれほど手こずったフランスを、ヒトラー采配のもとで、わずか六週間で降伏させたことは、あらためて奇跡を起こす人ヒトラーの名声をたしかなものにした。しかもこたびは軍事的天才の折り紙もついた。一九四〇年、国内外において数々の成功をおさめたのち、いまやヒトラーは、賛嘆者たちから史上最強の軍司令官とあがめたてまつられたのである。

彼が軍事の天才でも、史上最強の軍司令官でもなかったことは、今日もはやくどくど述べる必要はない。むしろ軍事評論家たちの批判からすこしばかり守ってやらなくてはならないほどだ。第二次世界大戦を生き延びたドイツの将軍たちは、彼らの回想録のなかで、みな口をそろえるようにして、もしヒトラーが邪魔しなければ、戦争はすべて勝てたと書き残している。

だが実際はそうでもなかった。戦争の采配をふるうすべくらい、この男は心得ていたのだ。第一次世界大戦での前線経験を高等戦術へと昇華させ、戦後も軍事研究をおこたらず、研鑽を積んでいたのである。したがって彼は、チャーチル、ルーズヴェルト、スターリンとくらべても、軍事部門ではすこしもひけをとらなかった。それどころかドイツ国防軍の将軍たちとくらべても、遜色なかったのである。

たしかに、独立戦車軍団のアイデアはグデーリアンによるものだったし、対フランス戦でみごとな勝利に導いた作戦計画（それはあの有名なシュリーフェンプランなどよりずっとすぐれたものだった）は、マンシュタインが作成したものだった。

だがヒトラーがいなければ、グデーリアンもマンシュタインも、伝統に固執する、視野のせまい上官たちを前にして、自分たちのプランを通すことはできなかっただろう。彼らのプランがとりあげられて、これが実現できたのは、ヒトラーのおかげだったのである。

また、のちに対ロシア戦で守勢にまわったとき、ヒトラーの戦術があまりにも頑固で、硬直した、発想に乏しいものだったために、これは第一次世界大戦での塹壕生活から生まれたメンタリティだなどとさんざんにこきおろされた。だがこれもひるがえって考えると、そうともいえない。もしヒトラーの頑固一徹さがなかったら、対ロシア戦は、最初のひと冬で壊滅的な敗北を喫して終わっていたかもしれない。

たしかにヒトラーは、彼自身が思っていたような、軍事の天才ではなかった。だが彼は、将軍たちが残した数多くの回想録で生贄にされるような、救いがたいほどの軍事オンチ、へっぽこ将軍でもなかったのだ。いずれにせよ、一九四〇年の対フランス戦で電撃的勝利をおさめたのは、なんといってもヒトラーの采配によるものだった。

フランスの実力を見切っていたヒトラー

ヒトラー采配の妙は、ただたんにマンシュタイン作戦の価値を認め、総司令官ブラウヒッチュや参謀総長ハルダーの反対をおしきって、この大胆なプランを採用したことだけではない。すごいのはなんといっても、ヒトラーがあえて鶴の一声を発して、フランス攻撃に踏みきったことである。

ドイツ国防軍の将軍たちの脳裏には、一九一四年から四年間戦い続けて決着がつかず泥沼化していった、あのフランス戦線の悪夢がよみがえっていた。一九三九年の冬、将軍たちのなかには、あのときのような危険な賭けを繰り返すくらいなら、いっそクーデタを起こしてヒトラーを倒してしまったほうがいいと考える者もいたほどだ。

事実ドイツの将軍たちだけでなく、当時は世界中の人びとが、フランスは今度もまた一九一四年のときとおなじく、頑強な抵抗を繰り返すだろうと予想していたのであり、それはかなり妥当な考えといえた。

そう考えなかったのはヒトラーだけだった。だから世界中の予想を裏切って、ヒトラーがフランスにたいして電撃的勝利をおさめたとき、そのあざやかさに誰もがほんとうに奇跡が起きたと思ったのである。だがそれは奇跡などではなかった。一九一四年にフランス軍が見せたあのみごとな防禦戦こそが、奇跡だったのだ。そして一九四〇年のフランスは、一九一四年のフランスではなかった。最初のドイツ軍戦車がマース河をわたる前に、事実上、フランスの内部は崩壊していたのである。

私たちはヴェルサイユ体制の解体をながめているうちに、一九二四年のフランスからしばし目を離していた。その年フランスは、ルール地方での独り歩きに失敗したあと、イギリスの宥和政策にしかたなく歩調を合わせていた。はじめはいやいやながらブレーキをかけつつ、その後しだいに意気阻喪し、しまいにはほとんどやけくそになって盲従した。

この一九二四年以降、フランスはヨーロッパの政治舞台で脇役にひっこんでしまう。主役はイギリスとドイツだった。問題は、イギリスの宥和政策とドイツの現状変更主義とがどう折り合いをつけるのか、それとも折り合いがつかずに決裂してしまうのかということだった。フランスとしてはただ、ドイツがすこしずつでも不平不満をやわらげて、最後には現状で納得してくれることを願うばかりだった。

そうでないと、事はやっかいだった。ドイツに譲歩するたびに、フランスは犠牲を強いられたからである。ドイツに譲歩するたびに、人口四千万のフランスは、人口七千万のドイツにたいしていかに劣勢であるかを思い知らされた。フランスはこの劣勢をはねのけるために、一九一九年から二三年まで、ドイツにたいして強硬な姿勢をとってきたのだが、いまやむなしくあきらめるしかなかった。

イギリスの宥和政策が効果なく終わり、勢いを得たドイツが復讐に転じて攻撃してくることを、フランスはたえず憂慮していた。イギリスにはまだ、ドイツとのあいだをへだてて海があるからいいようなものの、フランスにはもはやライン河の防衛線すらなかった。フランスはイギリスの宥和政策にはじめから疑問を抱いていたけれども、他に選択の余地がなかったのでこれに従ったのである。だがフランス国民はしだいに神経をすりへらし、祖国防衛の意志も萎《な》えていった。マルヌの戦いを繰り返す気力も、ヴェルダンの要塞を死守する闘志ももはや残されていなかった。

一九三六年、ヒトラーはかつて上等兵として従軍したラインラントに、ふたたび進軍した。ここは六年前フランスが、宥和政策に従って撤退した土地であった。このときヒトラードイツの動静をうかがうフランスは、まるで蛇ににらまれたカエルのようだった。とうとうきたるべきものがくるのか。「乗りきるしかない」、漠然とした不安におびえながら彼らは避けがたい結末を予感した。一九三九年戦争に突入したとき、フランス軍のあげた雄たけびは、もうはじめから敗者の悲鳴に似ていた。「早く終わってくれ！」

一九一九年から三九年までのフランスの歴史をながめてみると、それは苦労して勝ちとった勝利をことごとく失ってしまう哀しい物語、得意の絶頂からみるみる転げ落ちてついには自己放棄してしまう没落の悲劇である。

だが戦後何年かのあいだ、フランスからさんざんいじめぬかれたドイツ人たちの目には、そうは映らなかった。フランスが哀れだなどとは、誰も思わなかったのである。ドイツ国民の脳裏に強く焼きついていたのは、ヴェルサイユで勝利に酔いしれるフランス国民、西部戦線で勇敢に戦うフランス軍の姿だった。ドイツ国防軍の将軍たちは、マルヌやヴェルダンの戦いがまたはじまるものと覚悟を決め、フランス国民に負けぬくらい恐怖を抱いていた。

そのようなわけだから、いまになれば驚くべきことだが、一九三九年に戦争が勃発したときは、ドイツ人だけでなく、イギリス、ロシアをはじめ世界中の人びとまでもが、フランスは当然勇猛果敢に戦うだろうと予想した。一九一四年のときとおなじく、こたびもフランス人は、たとえ若者たちの血が川のように流れても祖国を守りぬく覚悟だろうと、誰もが思ったのである。だがヒトラーだけはそんなことはつゆ思わなかった。

あとになれば容易にわかることだが、当時はヒトラーにしか見えない光景だった。だがフランスがこの十五年のあいだに、次々と国益を失っていったことを思えば、見えない光景ではなかった。はじめは切歯扼腕し、やがて意気阻喪し、ついにはあきらめと絶望に沈みこんだのである。

まずフランスは、一九二五年にロカルノ条約を結んで、実質上、東ヨーロッパの弱小同盟国（ポーランド、チェコスロヴァキア）を見殺しにした。続いて一九三〇年、まだ五年は居座ることができたのに、ラインラントから撤退した。一九三二年夏には賠償要求を放棄し、その年の秋の終わりにはドイツの軍備平等権を認めてしまった。

そして一九三五年、フランスは、ドイツの再軍備計画が堂々と実現されてゆくさまを、まるで金縛りにあったようにじっとながめているだけだった。一九三六年、ロカルノ条約で非武装地帯に定められていたラインラントに、ドイツ国防軍が進駐した。

一九三八年三月、ドイツは武力をかざしにオーストリアを併合した。おなじ年の九月、フランスは身の安全をはかるために、同盟国であるチェコスロヴァキアの一部を、すすんでドイツにさしだす醜態を演じた。その一年後、ドイツはフランスの同盟国ポーランドに侵攻した。イギリスはすかさずドイツに宣戦布告したが、フランスは足どり重く、イギリスより六時間遅れて宣戦布告した。

だがそれからの三週間、フランス軍はたった一軍団のドイツ軍を前に、ただ突っ立っているだけだった。そのあいだにドイツは、せっせと三軍を東方に送ってポーランドにとどめを刺した。こんなフランスが攻めこまれたら、マルヌやヴェルダンの戦いを再現することができただろうか。

思いおこせば似たような状況が過去にあった。かつてプロイセンは一八〇六年、それまで十一年ものあいだ弱腰外交にあけくれしたあげく、切羽つまって、圧倒的優勢を誇るナポレオンにやみくもに戦いを挑み、手もなく砕け散った。いまのフランスもドイツ軍の一突きで、こなごなに崩れ落ちてしまうだろう。

ヒトラーにはお見通しだった。フランスはあっけなく落ちた。彼の判断は正しかったのである。フランス攻撃はヒトラーにとって最大の成功となった。

だがこの成功もよくよく見れば、ヒトラーがなしたすべての成功と本質的にはおなじだった。世界の目には奇跡と映ったかもしれないが、奇跡などではなかった。ワイマール共和国にとどめを刺したときも、ヴェルサイユ体制に引導を渡したときも、ドイツ国内の右翼を骨抜きにしたときも、フランスを蹂躙したときも、ヒトラーはただ倒れてゆくものをおし倒しただけであり、死んでゆくものの息の根をとめただけだった。

この男には、倒れゆくもの、死にゆくもの、とどめを刺されたがっているものを本能的に嗅ぎわける、鋭い勘がそなわっていた。これこそは他のライバルに抜きんでた能力であり（それはすでにウィーン時代からそなわっていたのであろう）、それはまわりの人間にとっても、本人にとっても驚異と映ったにちがいない。

だがこのような鋭い勘は、むろん政治家には欠かせない資質だが、それはワシの眼力というより、ハゲタカの嗅覚に近いものだった。

第4章

誤謬

マルクスとレーニンの役割を兼務

人間の命は短く、国家や民族の命は長い。身分制度や階級制度も、一個人の人生よりはるかに長い歴史がある。また公共機関や政党にしたところで、それらはたいてい、そこで働く政治家たちよりも長く続いている。

だからたいていの政治家は、実務的に働いて事足れりとするのがふつうである。面白いことに、右寄りの政治家ほどこの傾向が強い。彼らは芝居の結末を知らないのだ。舞台に上がり、短い役柄を演じて降りてゆく。芝居全体を知ることはできないし、知ろうとも思わない。

割り振られた役割を、ほんの一瞬果たすだけで満足する。そのほうが政治家として成功することが多いのだ。遠大な目標を追い求めて、全体の意味を見通そうなどと野心を抱く者ほど失敗に終わる。全体の意味などはじめから信じない、そんなものがあるとも思わない、知ろうともしない、そんな悟りきった政治家ほど成功するものだ。

たとえばビスマルクがそうだった。「神を前に、国家の名誉だの、国家権力などいかほどのものであろう。牛のひづめひとかきで蟻塚はくずれてしまう。養蜂家が育てたミツバチの巣にしたところで一代かぎりのものじゃないか」

これとは異なるタイプの政治家がいる。彼らはきまって理論を実践に移そうとする。国家や政党に仕えると同時に、歴史的使命を果たし進歩思想に貢献したいと考えるのである。こういうタイプはたいてい左翼の政治家で、まず成功しない。挫折した理想主義者、夢破れた夢想家たちの数は、浜の真砂よりも多い。

それでも、壮大な理想を掲げて成功した大物がいなかったわけではない。とくに稀代の革命家には成功例がある。たとえばクロムウェル、ジェファーソンがそうだ。私たちの二十世紀ではレーニンと毛沢東がいる。彼らの成功は、実際には期待に反して醜悪なものだったが、それでも成功であったことにはちがいない。

では、ヒトラーはどちらのタイプか。ヒトラーを不用意に右翼政治家に位置づけてしまうのは禁物だ。彼はあきらかに後者のタイプ、すなわち左翼政治家のタイプだ。ヒトラーはたんなる実務政治家ではなく、思想的政治家、目的の策定者、彼一流の表現を借りれば「綱領作成者《プログラマー》」であり、いってみればヒトラー主義を唱える「マルクス」であると同時に、それを実践する「レーニン」でもあった。彼は、自分のなかにプログラマーと政治家が同居していることを、たいへん誇りにしていた。「長い人類の歴史でも一度きりのことだ」と。

さらに彼は、理論すなわち「プログラム」に従って政策を進める政治家のほうが、ただの実務政治家よりも成功するのが難しいことを認識していた。これはまったく正しいことだった。

「なぜなら後世にとって偉大な仕事ほど、その戦いは困難なものであり、成功もまれであるからだ。だが百年に一度でも花ひらけば、きたるべきのちの世の名声がほのかな光のようにわが身を包みこむことであろう」

　むろん誰もが知るとおり、ヒトラーにそのような名声は残らなかった。のちの世に彼を包みこんだのは、「名声のほのかな光」とはまったく別のものであった。だが彼が、自分で作成したプログラムに従って政策をおこない、そのことで政策遂行が困難になってしまったことは、みずから予想したとおりだった。

　さらにいってしまえば、ヒトラーは自分の挫折をあらかじめ作成《プログラミング》していたのだ。つまり彼が頭に描き、打ち立てた世界観はまちがっていたのである。そのようなまちがった世界観に導かれた政策が、目的を達せるはずがなかった。それは旅人がまちがった地図を頼りに、旅をするようなものだった。

　だからここでヒトラーの世界観を、よく観察してみることにしよう。まちがったことと正しいこと、すくなくとも妥当と思われることをはっきり区別しなくてはならない。奇妙なことに、このような試みはこれまでおこなわれてこなかった。

ヒトラーの世界観はどこから生まれたのか

一九六九年にエーバーハルト・イェッケルが、『ヒトラーの世界観』と題して、ヒトラーの著述や演説にちりばめられた思想のかけらを集めて分析するまで、ヒトラー研究者たちは、そもそもヒトラーに世界観があることすら認識しようとしなかった。それまで支配的だった考え方は、英国のヒトラー伝記作家アラン・ブロックの次の言葉に要約される。「ナチズムを貫く唯一の原理は、ただ権力と支配のためだけに権力と支配を行使することだった」

これはロベスピエールやレーニンとはあきらかに異なるスタンスだ。この二人はつねに、「原理が勝利してはじめて権力への意志が生まれる」と考えていた。ヒトラーはいまだに、多くの人びとのあいだで、ただの日和見主義者、直感頼みのはったり政治家とされている。だが、それはまことに探究心の足らない人たちの思いこみである。

まちがっても彼は、そのような人間ではなかった。いくらヒトラーがかけひきやタイミングにおいて、本能や直感に頼ったにしても、政治戦略においては確固たる基本理念をかたくなに守り通したのである。彼が考えだした理念は、細部はあらが目立つものの、本質としては筋の通ったひとつの体系をなしていて、まさにマルクス主義的な意味での「理論」を形成していた。イェッケルはヒトラーの政治著作にちりばめられた断片や逸話をかき集めて、ヒトラー主義なるものの理論を再構成したのだった。

だがイェッケルもそれ以上追究はしなかった。批判するほどの価値はないと考えたからである。「はじめから戦争と殺戮以外なんの目的手段ももたない、このような世界観は後にも先にも、その野蛮さと残虐さにおいて例を見ないものだ。文明化された人間にとっては一言を費やす値打ちもない」

もっともすぎるほどもっともな見解である。たしかにヒトラーの政治思想に深入りして批判してみたところで、それは楽しくも面白くもないであろう。だがそれでも、次の二つの相反する理由から、ヒトラーの世界観はなんとしても追究しておかなくてはならない。

第一の理由は、いま追究しておかないと、ヒトラーの世界観がわれわれの想像以上に、ひろく大きく深くこれからも生き続けてしまう危険があるからである。それはドイツ人やヒトラーの信奉者たちのあいだにかぎったことではない。第二の理由は、ヒトラーの世界観のうち、まちがったことと、ある程度妥当なこととをきちんと区別しておかないと、たとえ正しいことでも、ただヒトラーがそういったというだけで、タブー視されてしまう危険があるからだ。ヒトラーが計算しても、二×二は四なのである。

この二番目の危険はとりわけ重大である。なぜならヒトラーの世界観にはネタ元があり、ほとんどが彼のオリジナルではないからである。たしかに彼はオリジナルなものをつくりはしたが、グランドデザインは同時代の人びとと原点をおなじくするものがほとんどであり、なかには二×二＝四のような自明の理から生まれたものもすくなくない。

たとえば、世界にはさまざまな民族と、さまざまな人種が存在する、などというのは自明の理である。だが「人種」という言葉は、ヒトラーが使って以来口にしてはいけない禁句になってしまった。昔は国家・民族といった場合、一国家・一民族という考え方、つまり国民国家の考え方が支配的であり、望ましいものに思われた。また国家と戦争は切っても切り離せないものだった。こうした言葉や考え方は、ヒトラー以後疑問視されるようになった。だが人種差別や戦争をどうやって廃止すればいいか、その答えはいまだに見つかっていない。

なぜこんな例をひきあいにこんなことを述べるのかというと、それはヒトラーがいったり考えたりしたことを、ただそれがヒトラーによるものだというだけの理由で、ただちに論外だと却下してしまう危険を警告したいがためである。民族や人種の実態を口にしただけで、国民国家に言及しただけで、戦争の可能性を示唆しただけで、まるで幽霊でも見たかのように「それはヒトラーだ！」と叫んで言葉をさえぎられてしまうことの危険を指摘したいがためである。

ヒトラーが計算まちがいをしたからといって、数字そのものを廃止するわけにはいかないだろう。

ドイツ民族に課せられた「使命」

さてここで、ヒトラーの世界観、ヒトラー主義の理論を手短に述べることにしよう。それはおよそ次のようなものだ。

すべての歴史現象の担い手は、民族もしくは人種であり、それは階級でもなければ宗教でもない、厳密には国家ですらない。歴史とは「民族の生存競争の経過を描いたもの」である。あるいは、「すべての世界史的現象は、人種の自己保存本能の発揚にほかならない」ともいえる。民族が国家をつくるのは「原則として種を保存するためである。つまり国家というのは人種を保存するための手段にすぎない」

あるいは、もうすこし積極的にいえば、「国家の目的は、物理的・精神的に同質の人間から成り立っている社会を保存促進することである」。「政治とは国民が外にむかって政治力を発揚するための力を国民に保障することである」

このように国民が外にむかって政治力を発揚すること、これがすなわち闘争である。

「生きんとする者は、闘わねばならない。永遠に競争を繰り返すこの世界で戦いを望まない者は、生きる資格がない」。民族間（もしくは人種間）の闘争は、通常自然のなりゆきからして戦争というかたちでおこなわれる。

正しく観察すれば、「戦争は残虐でおそろしいものではなく、民族発展の基盤を支え、それを永続たらしめる自明自然のシステムのひとつである」。「政治とは、民族が生き残りをかけて生存競争を遂行するさいの手練手管のことをいう。また民族の生存圏獲得を量的ならびに質的に手助けするのが外交である。さらに民族が生存圏を獲得するには、兵力の動員が必要になるが、これを物的人的の両面で支えるのが国内政治である」

ようするに、政治とは戦争であり戦争の準備のことである。戦争の目的は生存圏の獲得にある。このことは普遍妥当な原則であり、すべての民族、すべての生命体にあてはまる。なぜなら「自己保存本能にはかぎりがなく、永続的繁栄への欲望もかぎりがないからである。これにたいして生命体発展の舞台である土地空間にはかぎりがある。生存圏にかぎりがあるために、どうしても生存競争が起こってくる」

だがドイツ民族にとってとりわけ大事なことは、「前進する力をたくわえ、手狭になったドイツ民族の生存圏を抜けでて、新たな大地へと突き進んでゆくことである」。ドイツ民族に課せられた第一の目的は、「人口と土地面積の不均衡をとり除くことである。人口と土地面積は、ともに民族繁栄の源泉であり、政治権力拡大の拠点であるから、これはなおのこと重要である」

ドイツ民族に課せられた第二の目的は、戦争に勝利して土地人民を支配して隷属化することである。「強者が勝利して、弱者を絶滅すること、もしくはこれを無条件に隷属化することは自然の理である」。これこそは自然力の自由な発現であり、これによって「民族はたえず切磋琢磨してより優秀な人種へと進化してゆくのである」

だがドイツ民族に課せられた第三の、そして最後の目的は、このように果てしなく戦争を繰り広げたのち、ついには世界を支配することである。このことは一九三〇年十一月十三日の演説に、きわめて簡単明瞭に述べられている。「どの生物も膨張しようと懸命だ。そしてどの民族も世界を支配しようと必死で戦っている」

それはけっこうなことだと彼はいう。なぜなら「遠い将来人類に難題がふりかかり、それを解決するために唯一最高の人種が選ばれて支配民族となり、この地球のあらゆる手段と可能性を駆使して事にあたるようになるからである」。そして『わが闘争』の末尾では、この使命をさずかるのはわがドイツ民族であるとして、こう述べる。「ドイツこそはこの地上でふさわしい地位を獲得しなければならない」。「人種が毒されているいまの時代にあって、最良の子種を保有する国家こそが、いつの日か地上の主人にならなければならないのである」

はっきりしない「人種」の定義

ここまでの展開は、たしかにすこしばかり偏狭で激越で大胆な感じがするが、ただ理屈は通っている。雲行きがあやしくなるのは、ヒトラーが「人種」をうんぬんするところからだ。じつにこの人種という概念こそは、ヒトラーの世界観をさぐるカギである。げんに彼自身「人種問題こそは世界史の鍵である」と述べている。だがヒトラーは人種についてきちんと定義していないし、ときとして人種と民族をおなじ意味で使ったりしている。

ヒトラーによれば「唯一最高の人種が支配民族として」いつの日か世界を支配しなければならないという。だがそれはいったい誰なのか、ある特定の人種なのか、それとも民族なのか。ドイツ民族なのか、アーリア人種なのか。それはヒトラーにもはっきりとはわかっていないだろう。アーリア人種とは誰をさすのか。ゲルマン民族だけをいうのか。それともユダヤ人を除くすべての白色人種をさすのか。手がかりは見つからない。

そもそも「種」という概念は、一般的にもヒトラーの場合にも、二通りの意味で用いられている。質的なちがい（優劣など）をあらわす場合と、公平な種類分けの場合とである。優良種とか品種改良というのは、前者の質的なちがいをあらわす言い方で、家畜業者が劣等種を排除して優良種を育てるのがこれにあたる。

ヒトラーも「民族の人種的価値」という言い方をしているが、これは質的なちがいを意味している。彼によれば、精神薄弱者を断種し、精神異常者を抹殺することで人種的価値を高めなければならないという。

だがそれと並んで、価値観に関係なく、公平に分類する場合にも「種」という言い方をする。おなじ種族のさまざまな変種を区別する場合がそうで、人間でも馬でも犬でも「種」の概念が用いられる。たとえば人間を肌の色のちがいで分けて、価値観とはまったく別に、白色人種、黄色人種といった言い方をする。この言い方はヒトラー以後用いられなくなってしまったので、いまは別の言い方をしなければならないだろう。

それ以上にまぎらわしいのは、ヒトラーの時代になって、白色人種を顔立ちによって、ゲルマン人種、ロマン人種、スラブ人種などと区別して呼んだり、あるいは骨格や頭蓋骨のちがいで北欧人種、地中海人種、アルプス人種、ディナル人種などと呼ぶようになったことである。ここにはさまざまな偏見や根拠のない価値観がまざっている。当時は「ゲルマン人種」や「北欧人種」のほうが、「スラブ人種」や「地中海人種」よりも上等に見られたのである。

ヒトラーの場合、（前者の）優劣の概念と（後者の）公平な分類の概念とがごちゃまぜになっている。たしかに人種という言葉を、家畜業者のように、ただ品種改良の意味だけで用いるならば、すべては明白だ。ようするに、優良種を育てることで「人種的価値」を高めればよいのである。

そうなると歴史は諸民族が跋扈《ばっこ》する大舞台となる。歴史は、民族どうしの戦いから、生存圏獲得をかけた生き残り競争を経て、世界支配へとむかってゆく。この戦いに勝ち抜くためにそれぞれの民族は、つねに徹底して武装強化につとめなくてはならない。軍事や思想の強化だけでなく、生物学的にも弱点を除去し、戦闘に有益な特質を鍛錬して、まさに「人種的価値を高め」なければならないのである……。

「人類の毒殺者」対「世界政治の完成者」

たしかにこのような考え方は、とても正論といえるものではない、これについてはあとでもう一度振り返ることにしよう。だがそれでも理屈としては筋が通っている。だがヒトラーの世界観はこれで全部ではない。まだ半分だけだ。

あとの半分は、例の反ユダヤ主義である。この反ユダヤ主義を理論的に説明し、さらに合理的に実現するために、ヒトラーは「人種」のもう一方の概念を用いる。じつに彼はそのために、最初の理論、すなわち先に紹介したゲルマン民族至上主義的世界観とは別の、まったく新しい理論を用いるのである。だがこの新しい理論は、先の世界観とは多くの点で矛盾する。

ヒトラーの反ユダヤ主義については、すでに簡単にふれた。思い起こしてもらいたい。ヒトラーの人生をひとわたりながめたとき、私たちは、この反ユダヤ主義こそは、彼が青年時代に最初にとりつかれた価値観であったことをたしかめた。彼が民族至上主義・大ドイツ主義・ナショナリズムにかぶれるより前のことである。

この反ユダヤ主義なる概念は、これからどの章においても私たちの興味をひくことになる。それはヒトラーのユダヤ人観が、彼の人生に重大な影響を及ぼしたからだけではない。なんといってもヒトラーのユダヤ人政策こそは、彼が実際の政治でおかした最初のあやまちだったからである。ユダヤ人にたいして彼はもっとも重い罪をおかした。ドイツを裏切るときにも、ヒトラーは反ユダヤ主義的強迫観念にすくなからずとらわれていた。彼の反ユダヤ主義のどこがまちがっていたのだろう。それを検証する。

ヒトラーの反ユダヤ主義も、ひとつの理論体系をなしている。見ようによっては、先に紹介した彼のゲルマン民族至上主義的世界観と、なにかしらつながっているといえなくもない。ゲルマン民族至上主義的世界観においては、歴史はすべて、生存圏を獲得するための民族の果てしない闘争だけで成り立っていた。だが彼の反ユダヤ主義に接するととつぜん、歴史をなしているのは民族の闘争だけではないことを知らされる。

ヒトラーによれば、民族の闘争とは別に、歴史には果てしないもうひとつの戦いがあるという。それは人種間の戦いである。といっても白色、黒色、黄色人種間の争いではない（ヒトラーは白人、黒人、黄人のちがいなどにはまったく興味がなかった）。そうではなく、ここで問題なのは白色人種どうしの戦い、アーリア人種とユダヤ人種の戦いである。白色人種たちは、ふだんはたがいに争いあっているが、ユダヤ人種にたいしては一致団結するのである。

ユダヤとの戦いは生存圏をめぐる戦いではない。文字どおり生きるか死ぬかの戦い、絶滅戦である。ユダヤ人は全世界の敵である。「ユダヤ人の最終目的は諸国民を骨抜きにすること、世界中の民族をかき乱して雑種だらけにしてしまうこと、民族の知性を根絶やしにして、これにとって代わり、国民の水準を低下させて、支配してしまうことである」

それだけではない。「ユダヤ人がマルクス主義的信条の力で世界中の民族を征服すると、世界は人類の墓場と化し、この地球は数百万年の昔のようにふたたび虚空を漂うことになる」。ユダヤ人は民族の知性を骨抜きにするだけでなく、どうやら人類そのものを根絶やしにするつもりなのである。もしそうならば、人類は一致団結して、こちらから戦いをしかけてユダヤ人種を根絶やしにしてしまわなければならない――。

ユダヤ根絶論を唱えるヒトラーは、もはやドイツの一政治家にあきたらず、人類救済の先駆者を気どっている。「私がユダヤ人を根絶するのは、神の御業《みわざ》をかなえるためである」。政治的遺言のなかで、ヒトラーは国際ユダヤ組織を「人類の毒殺者」と呼んでいる。そして一九四五年四月二日付のボルマンに口述筆記させた最後の覚書は、こんな言葉で結ばれている。「私がドイツと中央ヨーロッパに住まうユダヤ人を消滅させたことを、人びとは永遠に感謝するであろう」。まさに「世界政治の完成者」「人類の救済者」気どりである。

ヒトラーの「反ユダヤ主義」理論

ここでヒトラーの反ユダヤ主義を批判することは控えておく（こんな狂気の殺人思想を紹介しただけで批判もしないのは心苦しいが、いまはこのままにしておく）。だが、ただ書きっぱなしではおさまりがつかないので、次の三つの問いにだけは答えておこう。

第一の問い、そもそもヒトラーの目に映ったユダヤ人とはなんだったのか。宗教か、民族か、人種か。

第二の問い、ヒトラーによれば、ユダヤ人は他の民族にとって危険だというが、ユダヤ人のなにが危険なのか、彼らはいったいなにをしたのか、なぜあのようなおそろしい運命に見舞われなければならなかったのか。

第三の問い、ヒトラーは、ユダヤ人と他の民族は永遠に闘争を繰り返すと述べているが、その一方で、他の民族どうしでも永遠に闘争が繰り返されると述べている、これは矛盾しないか。

こうした三つの問いにたいして、ヒトラーはけんめいに答えを用意した。もっともその答えはいくぶんとりみだし気味で、あわててとりつくろった感がある。だがそこにはヒトラーの世界観が断片的にちりばめられている。

第一の問い、すなわちユダヤ人とはいったいなんなのかということについて、ヒトラーはひとつだけはっきりいいきっている。それは、ユダヤ人は宗教共同体ではないということだ。ただヒトラーはこのことを、理由はいっさい説明せずに、執拗に繰り返すのみである。

だが、なぜそうなのか理由を聞きたいところだ。というのも、ユダヤ教という宗教は厳然と存在し、その宗教のおかげで、これまでユダヤ人は千九百年ものあいだ、世界中にちらばりながらも結束を続けてこられたからである。まあいいだろう。ヒトラーにとって、ユダヤ人は宗教共同体ではないのである。

だがユダヤ人がひとつの人種なのか、それともひとつの民族なのかについては、ヒトラー自身どうやら決めかねていたようだ。一方で彼はユダヤ人種という言い方をして、それも「劣等人種」とか「人種がちがう」といった二重の意味でこの言葉を使っている。だがもう一方で、彼は反ユダヤ主義についてくわしく述べた著書のなかで、ユダヤ人のことをユダヤ民族と呼んでいるのである（おそらくこちらの言い方のほうが正しいであろう）。

それどころかヒトラーは、ユダヤ民族を他の民族と同等に扱ってさえいる。「どの民族にも、根本的傾向として、自己保存の欲求が衝動的本能のようにそなわっている。これはユダヤ民族もまったくおなじである」。だが彼はすぐこういいそえる。「ただアーリア民族とユダヤ民族とは、根本的に資質がちがうので、生存競争のかたちもちがうのである」

なぜならユダヤ人は（ここで私たちは、第二の問い、すなわちユダヤ人のなにが危険なのかという問いにたいするヒトラーの答えに遭遇する）、その本性からしてインターナショナル（世界規模）であり、国家を形成することができないからである。ヒトラーにとって、「ユダヤ」という言葉と「インターナショナル」という言葉は、まさしく同義語なのである。

ヒトラーにいわせれば、インターナショナルなものはすべてユダヤ的ということになる。これにからめて、さらにヒトラーは、「ユダヤ国家」などという奇妙な概念まで持ち出して持論を展開する。「ユダヤ国家というのは空間的にはかぎりがなく、世界中に果てしなくひろがっている。それでいて彼らはひとつの人種にまとまっているのだ」。それゆえに（ここで彼はいっきにたたみかける）この「ユダヤ国家」、つまり「国際ユダヤ主義」こそは他のすべての国家の敵なのである。ユダヤ民族はあらゆる手段をもちいて、世界中の国々を情け容赦なく撲滅する。外交的手段としては平和主義、インターナショナリズム、資本主義、共産主義をもちいて、国内的には議会主義、民主主義をもちいて。

これらの手段はすべて、国家を弱らせ破壊するためのものである。どれもみなユダヤ人が考えだしたものだ。彼らの目的はただひとつ、それはアーリア民族がはなばなしい勢いで生存圏獲得闘争に邁進するのを妨げて、その勢力を弱らせることにある。そしてそれに代わって、ユダヤによる堕落した世界支配をたぐりよせようとするのだ。

ここでもう私たちは、第三の問いにたいするヒトラーの答えにいきあたる。なぜ世界中の民族は、たがいに生存圏を求めて闘争を繰り返しているのに、ユダヤ人にたいしてだけは結束しなければならないのか。

その答えはこうだ。それはまさに世界の諸民族が生存圏をかけて戦わねばならないからであり、他に妨げられることなく、自分たちどうしの生存圏獲得闘争に邁進するためである。だから世界中の民族は、ユダヤ人にたいして一致団結しなければならないのだ。

ユダヤ人は、諸民族が繰り広げるこの素晴らしい戦争ゲームのなかで、唯一の妨害者なのである。ユダヤ人はそのインターナショナリズム、平和主義をもって、さらにその国際的資本主義とこれまた国際的共産主義をもって、アーリア民族の本分、本業を妨げている。それゆえにユダヤ人は排除しなければならない、徹底的に追い払わねばならない、ドイツからだけでなく、全世界から叩きださねばならない。ユダヤ人は消し去らねばならないが、それは、家具をとりのけてよそへ移すというようなのではなく、シミをぬぐって消し去るようにおこなうのである。彼らに逃げ道を残してはならない。彼らがユダヤ教を捨てるといっても、聞き入れてはならない。彼らは宗教的共同体ではなく、ひとつの人種なのだから、宗教を捨てたからといって安心はできないのである。

また彼らが、アーリア人と結婚してユダヤ人種から抜け出るといってもだめである。そんなことをしても、状況は悪くなるばかりだ。なぜならそんなことになれば、アーリア人種が堕落して、生存競争に必要な資質が失われてしまうからである。

ではユダヤ人が諸民族に同化して、ドイツ人となりフランス人となりイギリス人となって、居住する祖国のために命も惜しまないといったらどうだろう。これはもう最悪である。なぜならそうなれば彼らユダヤ人は、獅子身中の虫となって、「諸民族をたがいに戦わせたあげく（だがヒトラーにいわせれば諸民族はたがいに闘争するためにあるのではないのだろうか）、金と宣伝の力でみずから支配者にのしあがってしまうからである」。だまって見過ごせば、彼らのやりたい放題だ。彼らのやり方はいつだってきたないのだ。だからいずれにせよ、根絶してしまわなければならないのである――。

ヒトラーの第二の理論、すなわち反ユダヤ主義については以上である。これも先に紹介した第一の理論、すなわちゲルマン民族至上主義的世界観とおなじように、ひとつの独立体系をなしている、そのために両者のつながりはなかなか見いだせない。とはいえ両者が合わさって、「ヒトラー主義」なるものができあがっているのであり、これこそは綱領の作成者ヒトラーがつくりあげた思想的構造物なのである。ある意味で、マルクス主義への対抗軸だったといえるだろう。

マルクス主義とナチズムとの共通点

マルクス主義とヒトラー主義には、すくなくともひとつ共通点がある。それは世界史全体を、ひとつの視点で説明しようとすることである。「これまでのすべての社会の歴史は、階級闘争の歴史である」と『共産主義宣言』はいう。そしてこれに答えるかのようにヒトラーはいう。「すべての世界史的現象は、人種の自己保存本能の発揚にほかならない」

マルクスにせよヒトラーにせよ、このようなフレーズには強烈な暗示力《サジエスチョンパワー》がある。読んだ者はとつぜん光がさしたように目が覚める。迷いがふっきれ、重荷が軽くなる。悟りがひらけて物事がわかったような、心地よい気分に包まれる。そしてかくも素晴らしいフレーズを受け入れない者たちにたいして、えもいえぬ怒りといらだちがこみあげてきて、つい激越な憤懣をぶちまけてしまう。「これがわからないやつはばかだ!」愚かな優越感と情け容赦のない冷酷さ、マルクス主義心酔者にもヒトラー信奉者にも共通して見られる感情の高まりである。

だが「すべての歴史はこうだ……ああだ」などと断定するのは、むろんまちがいである。歴史というのは奥深い森のようなもので、林道の一本や二本通したところで、森全体を切りひらくことはできないのである。歴史には階級闘争もあれば、人種闘争もある。さらには国家や民族、宗教やイデオロギー、王朝や政党その他のあいだでありとあらゆる闘争が繰り広げられてきた。人間社会に衝突はつきものである。歴史のいたるところで、そんなけんかやもめごとが起こっている。

だが歴史というのは、闘争だけから成り立っているのではない。マルクス主義もヒトラー主義もここらあたりを勘ちがいしている、命令口調の断定的なフレーズによく見られるあやまりである。

民族にしても階級にしても、人間の歴史は戦争をしていた時代よりも、平和に暮らしていた時代のほうがずっと長かったのである。だから戦争の原因をいっしょうけんめいにさぐるのもけっこうだが、いかにして平和を打ち立ててきたかを研究するのも、これに負けず劣らず興味深く有益なことなのである。

国家の役割を理解していなかったヒトラー

平和を打ち立てる方法のひとつが国家である。興味深くも奇妙なことに、ヒトラーの政治体系を見てみると、国家はほんの脇役程度の役割しか果たしていない。先にヒトラーの実績をながめたとき、いまとはまったく別の意味合いで、私たちは驚くべき事実に遭遇していた。ヒトラーが、国政をつかさどる本来の意味での政治家ではなかったことである。

それどころかこの男は、戦争をはじめる前から、ドイツ国家のしくみを力の及ぶかぎりたたき壊し、それに代わって、国家のなかに小国家が乱立する混沌状態をつくりあげていたのである。いまここで私たちは、そのような破滅的な状況が、彼の思想世界のなかでつくられ理由づけされるのを目のあたりにするのである。

ヒトラーは国づくりになど興味はなかった。国家がなんであるかも理解していなかったし、そもそも国家になんの価値も認めていなかった。彼にとって重要なのは、ただ民族と人種だけであり、国家ではなかったのだ。国家は彼にとって、ただ「目的のための手段」でしかなかった、それも要は戦争遂行のためだった。一九三三年から三九年まで、ヒトラーは戦争準備に余念がなかった。だが彼がつくりあげたのは、軍事国家ですらなく、ただの戦争マシーンだった。そしてその代償は高くついたのである。

国家というのは、戦争をするためだけの機械ではない。国家が戦争のマシーンとなるのは、いまわのきわだけである。国家はかならずしも、一民族の政治組織である必要もない。国民国家の考え（つまり一民族一国家の考え）が生まれてから、まだ二百年そこそこしかたっていないのである。

歴史を見ればわかることだが、たいていの国家が多くの民族を抱えてきたし、いまも抱えている。古代の大帝国がそうだったし、今日のソ連などがそうである。あるいは反対に、民族の一部だけで国家全体を形成している場合もある。古代の都市国家や戦後の東西ドイツがそうだ。だからといってそのことで国家が国家であることをやめてしまうことはないし、国家存立の必然性が壊れるわけでもない。

国家の観念のほうが、国民の観念よりもずっと古いのだ。国家というのは戦争をするためにあるのではない。国家というのは、そこに住む住民の国内外における平和を守り、保障するためにあるのだ。その住民が民族的に同質であるか否かは問題ではない。つまり国家は秩序維持のためのシステムといえる。

戦争は非常事態であり、国家の危機である。こうした非常事態や危機に対処するために、国家は暴力装置を独占し、軍隊や警察をそなえている。むろんそれに加えて、紛争を処理するためにも、国家は軍隊をそなえている。だが他の民族を犠牲にして生存圏を獲得したり、人種的価値を向上させるために戦争をしたり、あるいは世界を支配するために、国家は軍隊をそなえているのではない。

ヒトラーには、こうしたことが全然わかっていなかった。というより、わかろうとしなかったといったほうが当たっているだろう。なぜならヒトラーの世界観からは、自己中心主義しか伝わってこないからだ。

彼は自分が望むようにしか世界を見ていなかった。だがこの世界は望むようにはできていない。争いや困窮や苦しみに満ちている。国際社会にしてもそうだ。猜疑と敵意、不安と闘争がいたるところにちらばっている。これが真実なのだ。だまされてはいけない。真実を真実として見すえているかぎりは、ヒトラーも道を踏みまちがえることはなかっただろう。

だが彼には、真実を見すえる真摯さと謙虚さが欠けていた。ルターが人間の罪深さを深く見すえるときの、あの勇気と憂いをひめた真摯なまなざし。ビスマルクが世の不条理を嘆くときの静かな悲しみ。ヒトラーにはそうしたものが欠けていた。彼は、ニーチェが悲劇を見て笑いころげたように、世の無情にたいして、ただかん高い声で吠え叫んだだけだった。

ヒトラーにとっては、非常事態が正常な状態だった。国家は戦争のためにだけ存在した。だが彼はまちがっていた。世界とはそういうものではない。国際社会もだ。国際社会において、戦争はつねに平和のためにおこなわれるのだ。防衛戦争はむろんのこと、侵略戦争でさえ、それがおこなわれるのはなんらかの意味があるからだ。どんな戦争も、平和条約や国家間の契約が結ばれて終わりを告げる。そして新たに平和がおとずれ、その平和はそれまでの戦争よりもたいていは長く続く。勝敗が決すれば、講和が結ばれねばならない。そうでなければ戦争の意味がない。

ヒトラーはそう見ていなかった、見ようともしなかった。だから、とりかえしのつかないまちがいをおかしたのである。これについては次章で見ていく。

大衆のノスタルジーと合致した「生存圏」構想

ヒトラーにとって戦争は、つねに征服戦争であった。生存圏を獲得し、敗者を永続的に隷属化し、最後に世界を支配するのが目的だった。

ここでも彼はまちがいをおかした。生存圏獲得のための戦争、そんなことはヒトラーが引き起こすまで、ヨーロッパでは民族大移動以降、千五百年このかた一度もあったためしがなかったのである。ヨーロッパは定住がなされ、諸民族は土地に根を下ろした。たしかに戦争が起こり、講和が結ばれるたびに、領土の変更があったり、ときにはポーランドのように国土が近隣諸国によって分割されるようなことはあった。だが住民は自分たちの場所にとどまり続けた。生存圏のやりとりなどはなかった。ヨーロッパでは生存圏を獲得するための戦いはなかったのである。

それを、千五百年の休みをおいて、ふたたびヨーロッパにもちこんだのがヒトラーだった。それはすさまじい禍根を残した。かつて住んでいた東方地域からドイツ人が追いだされたのは、まさにヒトラーが刻印した戦争の傷跡そのものであり、踏みつけにしたポーランドからのしっぺ返しにほかならなかった。

だが「生存圏」という考え方は、別の理由からもまちがいだった。二十世紀になって生存圏をかけて戦うことに、もはやなんの意味もなかったからである。もしもヒトラーが、民族の繁栄と権力の度合いを、獲得した土地の大きさではかり、それをもとに土地政策を推し進めていたとしたら、彼は産業革命の意義を忘れていたことになる。

産業革命以来、民族の繁栄と権力の度合いはもはや所有する土地の大きさではなく、科学技術のレベルによって決まるようになっていたのである。科学技術にとって生存圏の大小などは関係がなかった。

科学技術や産業の発展という視点からすれば、生存圏が拡大するというのは、ただ人口密度の低い土地がひろがるだけのことであり、これはまさにハンディキャップが増えることを意味する。ソ連などはそのことでたいへん苦労している。天然資源は豊かでも、広大で人口密度の低いシベリアなど、いくらがんばっても開発できず、いつまでたっても発展はおぼつかない。

いずれにしても、今日の世界を見まわすと、貧乏で治安の悪い国ほど国土がばかでかく、豊かで安全な国ほど小ぢんまりしているのは一目瞭然である。ヒトラーは、軍事技術や大衆モータリゼーションなどに関しては、きわめてモダンな考え方をしていたのに、こと生存圏に関するかぎり、産業革命以前の世界に踏みとどまっていたとしか思えない。

だがヒトラーがおかしたこのような誤謬は、いまだに根強く生き続けている。牧歌的な古き良き時代へのノスタルジーや、ますますすばやい適応を余儀なくされる非人間的な現代社会への嫌悪、こうした風潮がひろがったのはヒトラーの時代だけではなかった。回帰志向はいまなお根強い。古き時代への郷愁と閉塞した現代へのいらだち、こうした風潮に後押しされて、ヒトラーの生存圏イデオロギーは、同時代の人びとの心のすきまを心地よく埋めていったのである。「地図を見てみろよ、ドイツは国力からして小さすぎるとは思わないか」

たしかにドイツが昔のように農業国に後戻りするというのならば（面白いことにこの点ではヒトラーはモーゲンソー（訳注・米財務長官ヘンリー・モーゲンソー。戦後ドイツを純農業国にするプランを立案）とおなじ考えだった）、生存圏はいくらでも要るだろう、だがそれは農業を重視する場合のみである。

本気でめざしていた「世界征服」

戦争はついには世界支配にゆきつく。この考え方はヒトラー以前からあったものであり、ヒトラー以後の現代も生き続けている。すでに第一次世界大戦前から、ドイツ帝国宰相ベートマン・ホルヴェークの相談役で見識高いクルト・リーツラーがこう述べている。

「この考えに従えば……どの民族も成長し、拡大発展し、他を支配して隷属化しようとする。それはとどまるところがない。きずなを強め、さらなる大地を版図に組みこみ、より高いレベルの統合をめざす。すべてを支配下に置いたとき、ひとつの有機的組織が完成するのである」

これはまさにヒトラーそのものだ。ただもったいぶった表現を用いたにすぎない。だがいくらもったいぶっても、まちがった考えには変わりがない。どの民族もこのような目的を掲げているわけではない。もしすべての民族が世界支配をめざしているとするならば、スイス人やスウェーデン人などは民族と呼べなくなってしまう。

植民地獲得競争にあけくれした帝国主義時代のヨーロッパ列強たちですら、本気で世界支配をめざした国などひとつとしてなかった。何百年もの経験から彼らには、たがいに滅ぼしあってはならないこと、もしどこかの一国がヨーロッパの覇権を握ろうとすれば、これを警戒する他の近隣列強が手を結んで、そのような野望はかならず打ち砕かれることがわかっていたのである。

ヴィルヘルム時代のドイツ民族至上主義者たちでさえも、口先では「世界権力をめざせ」などと威勢よく唱えてはいたものの、本心はあくまでも他の列強との共存を踏まえていた。彼らが思い描いたのは、ヨーロッパ大陸で強国としての地位を固めたうえで、アジア、アフリカに植民地帝国を築くことであり、けっして言葉どおりの厳密な意味で世界征服、世界支配を考えたわけではなかった。

これにたいしてヒトラーが唱えた世界支配は、まさに言葉どおりだった。もっとも彼は自分の生存中はせいぜい、ロシアを含むヨーロッパ全土を支配するのが精いっぱいだと思っていた（植民地にはほとんど興味がなかった）。だが彼は、ヨーロッパを征服して、諸民族を人種のヒエラルキーに組みこみ溶けこませ、「ゲルマン民族大帝国」を築きあげたうえで、それをジャンプ台にして世界支配しようと考えていたのである。

いま私たちの世界は、テクノロジーの進歩でますますせまくちぢまり、大量殺戮兵器の開発拡散によってますますあやうくなっている。こうしたなかでいま世界はひとつになろうとしている。世界統合、世界政府によって世界を支配しようという考え方がふたたび議事日程に上るようになった。

ヒトラーが世界支配を考えたこと、それ自体はまちがいではなかった。彼のまちがいは、ドイツ一国で世界支配ができると本気で考えたことにあった。ヒトラーの時代のドイツはたしかに大国であり、ヨーロッパでいちばん強い国だった。だがあくまで列強のなかの一強国であることには変わりがなく、すでに一度（第一次世界大戦のときに）ヨーロッパの覇権と世界権力を同時に手に入れようとして挫折した過去があった。

だからドイツが世界権力争いに参加しようというならば、まずヨーロッパを統合して（むろんそれは侵略・征服戦争で強引になしとげられることではない）、そのうえでドイツがその統合ヨーロッパのなかに溶けこんでようやくできることであろう。

だがヨーロッパの統合……これこそはまさに彼がいちばん嫌う、ユダヤインターナショナリズムにほかならないではないか。だがヒトラーは、そんなことはしなくてもドイツ民族至上主義、すなわち人種政策と反ユダヤ主義だけで、ヨーロッパの統合はなしとげられると信じていた。

幼稚なあやまりである。畜産業者のような発想で人種改良を進めて、ドイツを強国にきたえあげるとすると、そこから派生するさまざまな問題を除いても、それには何世代もの時間がかかるであろう。それでもヒトラーは、なにもかも自分の存命中になしとげるつもりでいたのだから、まったくもってあきれるしかない。また反ユダヤ主義についても、ヒトラーはユダヤ人を正しく理解していなかっただけでなく、ユダヤ人を憎悪する反ユダヤ主義者たちのこともたぶんに誤解していた。

ヒトラーが見誤った各国の「反ユダヤ感情」

ヒトラーは、自分が唱える反ユダヤ主義が、世界中から支持されドイツに有利に展開するだろう、そしてこの反ユダヤ主義を世界中にひろめることができるだろうと信じていた（このことはこれまで引用した彼の著作や、戦争中に彼がプライベートで表明した見解からもあきらかである)。

彼は世界中に反ユダヤ主義者がいるものと思いこみ、それを頼みにしていた。だがヒトラーが若いころ反ユダヤ主義にとりつかれた東ヨーロッパを除けば、彼が唱えるようなユダヤ根絶論などはどこにもなかったのである。そして(これは東ヨーロッパのウクライナ人、ポーランド人、リトアニア人たちの名誉のためにいっておかなければならないが)そうした東ヨーロッパの地域でも、彼らの反ユダヤ主義の根拠は、ヒトラーが唱えたようないわゆるユダヤ陰謀説とはまったく別の事情からだった。

ヒトラーは、ユダヤ人はアーリア民族を隷属化もしくは根絶やしにしようと陰謀を企てているからこれを根絶しろと主張した。だが東ヨーロッパでユダヤ人が憎悪されたのは、ユダヤ人がまとまった異民族として住みついているという、単純なお家事情にもとづくものだった。ユダヤ人が固まって住みついていたのは東ヨーロッパだけだったのである。だから東ヨーロッパ以外の地域では、反ユダヤ主義はけっしてユダヤ人の「根絶」とか「排除」にはむかわなかった。

反ユダヤ主義が起こっても、それはたいていの場合、宗教的な性格のものだった。たとえばカトリック教会は、じつに第二回ヴァチカン公会議のころまで、ユダヤ人やその他の異教徒たちを公然と排撃した。だがカトリック教会のねらいは、ユダヤ人を根絶することではなく、あくまで宗教的な理由にもとづいて彼らを改宗させることだった。すなおに改宗すれば、それでよかったのである。

それから、とくに地方では、ユダヤ人高利貸しが憎悪され、彼らへの迫害が社会現象になっていた。誰もが知るように、解放される前までの時代、ユダヤ人の職業は高利貸ししか許されていなかったのだ。

だが皮肉なことに、ユダヤの金貸しをいじめたことで、ユダヤ人解放はいっきに進んでしまった。つまり迫害をのがれるために多くのユダヤ人は、高利貸しとは別の職業に就くようになったのである。そしてそれにつれて高利貸しいじめもなくなっていった。医者になるユダヤ人まであらわれて、そういった者たちはつねに尊敬され重用された。

そして最後に、解放後新たに起こったのが、ユダヤ脅威論と呼ばれる現象だった。ユダヤ人が解放されたのは、おおまかにいって十九世紀のなかば以降だったが、それ以来ユダヤ人は、ある者は才能を生かして、ある者はたがいに連帯して多くの分野で重要な地位をしめるようになった。

とくに文化の領域でそれが目立ったが、それだけでなく医者、弁護士、出版、工業、財務、科学、政治の世界でも彼らの進出はめざましかった。世の模範とまではいかないまでも、世の中に味わいと趣《おもむき》を醸《かも》すまでになったのである。そういうユダヤ人たちは一種のエリート集団をかたちづくり、ワイマール共和国（すくなくともワイマール共和国の首都ベルリン）で幅をきかすようになった。

そうしたなかから、さらに貴族階層をなす者まであらわれた。すると当然のことながら、ユダヤ人エリートやユダヤの成金たちは、称賛を浴びるだけでなく、嫉妬や反感の的にもなった。あいつらの鼻っ柱をへし折ってやれ、出る杭は打たれるがいいなどと、人びとは思うようになったのである。だがそれでも、根絶やしにしてしまえ、とまで思う者はいなかった。

このような反ユダヤ感情を背景に、ヒトラーは彼一流の説法で、ユダヤ人憎悪、ユダヤ脅威論をあおりたてた。はじめ彼が演説でわめきちらしているうちは、聴衆はただ当惑したように首をかしげるだけだった。だが実際にユダヤ人迫害がはじまったとき、人びとは幾重にも恐怖と驚愕にかられた。ふだんからユダヤ人に反感をもっている人びとでさえも、ヒトラーが流布するユダヤ脅威論やユダヤ人への偏見妄説にはとてもついていけなかった。

「国際ユダヤ組織」の幻影を追って

いまここで私たちは、ヒトラーが唱えたユダヤ脅威論なるものを、さっと手短に批判して次に進むことにする。手短にすませるのは、これまで述べてきたことだけで、すでに十分その内容の矛盾が露呈しているからである。

ヒトラーはなにかにつけ、ユダヤ人は宗教共同体ではないといっているが、それは逆である。ユダヤ教は巨大な岩のごとく、世界を前にそびえたつ立派な宗教共同体である。ユダヤ教の神は、名もなく姿かたちもなく、とらえることもあきらかにすることもできないが、とてつもない哲理を宿している。ユダヤ教は、唯一無二の神の教えを厳格に守り伝えてきた、世界屈指の純然たる一神教なのである。さらに、千九百年にもわたる漂泊と迫害を乗りこえて、信徒たちをたばね、ゆるぎない信仰共同体をかたちづくってきた唯一の宗教でもある。

ヒトラーはそれがわかっていなかった。素直にわかろうともしなかった。日ごろから「神意」だの全知全能の神の思し召しなどと、決まり文句のように唱えていながら、じつは宗教心のかけらもない、人間にとって宗教がどれほど大事かを思いやる感性ももたない人間だったのだ。彼がキリスト教会とどんな付き合い方をしたか、それを見ればよくわかる。

これにたいして、ユダヤ人がひとつの人種であるということはとてもいえない。人種という言葉を、白色人種のなかのさまざまな種族とか変種の意味に使っても無理である。たとえば今日のイスラエルは、きわめて多くの人種を抱えた国家であり、それはこの国をたずねればいやでもわかる。そして、なぜこれほど多くの人種を抱えているのかもすぐにわかる。

理由は簡単だ。ユダヤ人はつねに宗教的使命感に燃えていて、誰にでもユダヤ教への改宗をすすめるからだ。ローマ帝国に居住した白色人種たちは、どの種族、どの変種に属する者たちもみな、後期ローマ時代になるとかなり多くがユダヤ教徒になっていた。キリスト教徒ほど多くはなかったが、それでもユダヤ教とキリスト教は、伝道競争にしのぎをけずっていたのである。

それればかりか、ユダヤ教徒のなかには、ほんのわずかではあったが、黒人や黄色人種もいた。そして英国の作家でシオニストのアーサー・ケストラーが最近あきらかにしたところによれば、ヒトラーにもっとも苦しめられた東方のユダヤ人の大半は、おそらくヘブライ系ではなく、元来ボルガ河とカフカズ山脈のあいだに居住していたトルコ系カザール人の末裔だということである。この人びとは、中世の昔ユダヤ教を受け入れて、その後ヨーロッパ方面に移住したという（そうなると「反ユダヤ主義」という言い方は正確ではなくなるが、いちど定着してしまった言い方なのでそのまま用いることにする）。

ではユダヤ民族、ユダヤの民という言い方はできるだろうか。これはいえそうである。たしかに彼らには、民族を識別するもっとも確実な指標、すなわち共通の言語というものがない。イギリスのユダヤ人は英語を話し、フランスのユダヤ人はフランス語を話し、ドイツのユダヤ人はドイツ語を話す。そして多くの（おそらくほとんどの）ユダヤ人は、ある国に根をおろし市民的平等が得られると、その祖国にたいしてよき愛国者になるのがふつうだった。なかでもドイツのユダヤ人は、もっとも熱烈な愛国主義者だった。

だが、それにもかかわらず、ある種のユダヤ人帰属意識、ユダヤ人どうしの連帯感といったものが国境を越えて飛び交っていた。それは今日とりわけ、イスラエルとの連帯感に見られるものであり、それを説明するのもさほど難しくはない。長いあいだ国民国家をもたなかった民族にとって、宗教はときとして結合剤の役目を果たすのである。

たとえばポーランド人やアイルランド人にとって、カトリック教は民族のアイデンティティを確認させてくれる重要な目じるしである。ユダヤ人の場合は、ポーランド人やアイルランド人よりも、はるかに長いあいだ国民国家をもたずにきただけに、宗教がもつ国民結集力というか民族統合力というのは、異常なまでに強い。そこに迫害が加われば、ユダヤ人の結束力は鬼に金棒である。なかでも、やむをえず宗教を捨てなければならなかった人たちの場合には、こうした宗教（あるいは迫害）がもつ民族統合パワーはきわめて強烈なので、その残響はいつまでもなりやまない。

これはユダヤ教だけでなく、他の宗教でも見られることである。かつてカトリック教徒だった者、かつてプロテスタント教徒だった者、彼らの考え方は、現役のカトリック教徒やプロテスタント教徒とほとんど変わらない。彼らの魂には、父や祖父たちの宗教が幾世代をすぎてもしみこんだままなのである。ユダヤ教のような強烈な宗教の場合、たとえ信仰を捨てた者でも、その魂のなかで残響が鳴りやむまでに、ときとしてとても長い時間がかかる。

だがこれまで述べてきたことのなかに、ユダヤ人に反感を抱く理由などひとつも見つからないだろう。ましてヒトラーがはじめから抱いていたような、殺意に満ちた憎悪感や、絶滅してやろうという強烈な動機などどこからもひきだせない。

ヒトラーが抱いていたユダヤ人憎悪は、精神病としかいいようがないのだ。ユダヤ人はすべてのアーリア人を根絶しようとしている、だからこちらからやつらを根絶してしまわなければならない。このようにヒトラーはユダヤ陰謀説を執拗に説明したが、それはあきらかに誤謬であり、妄想に導かれた精神錯乱であった。いやそれにとどまらない。あらかじめ決めておいた殺人計画を、偏執的な妄想をふくらませながら正当化したのである。

いずれにせよ、どう説明をつけようとしても、彼のいっていることはつじつまがあわない。「国際ユダヤ組織」なるものが陰謀を企てているなどというのは、ヒトラーが勝手に抱いた妄想であり、ユダヤ人たちには、陰謀の計画どころか、共通の目的すらなかったのである。

事実はまったく逆だ。ヒトラー時代のユダヤ人社会は、過去三千年の歴史でもかつてなかったほど、引き裂かれ、内部分裂していたのである。ユダヤ教の伝統を守ろうとする派と宗教の束縛を脱して近代的な世俗化にむかおうとする派の対立、同化主義とユダヤ復興主義（シオニズム）の分裂、そしてナショナリズムとインターナショナリズムの相克。世界の分裂と対立が、そのままユダヤ人世界を引き裂いていたのである。

それはユダヤ人が解放されて市民権を得て、世界に組みこまれることによって必然的に生じたことだった。この一世紀あるいは半世紀のうちに、かなり多くのユダヤ人が、同化、改宗、婚姻によってユダヤ・アイデンティティを捨て、それぞれ自分が住む国に骨を埋める決断を下したのだった。

そしてこの決断を下すのにいちばん迷いのなかったのが、他でもないドイツのユダヤ人だった。むろんなかには、躊躇し、抵抗した者もいたが……。

ようするに、ヒトラーが悪魔の陰謀集団と呼んで忌み嫌ったユダヤ人は、このころすっかり危機的状況に陥っていたのである。かつてないほど弱り、いろいろな意味で解体しはじめていた。彼らにたいするおそろしい攻撃がなされたのは、そんなさなかだった。誰もが知るようにユダヤ人は、まるで畜殺台に駆られる子羊のように、追いたてられた。そしてヘラクレスのごとき殺人者たちが、守るすべのない者たちを次々に殺害していったのである。

第5章

失敗

もし二十世紀にヒトラーがいなかったら

ヒトラーがおかした失敗を検証するにさいして、二つ障害になることがある。ひとつは、前章でヒトラーの世界観とその誤謬を観察したさいに出くわしたのとおなじ障害である。つまりヒトラーの世界観を、ただそれがヒトラーの考えだからというだけの理由で、調べもせずにはじめからすべてまちがいと決めてかかる姿勢。これとおなじく、すべてヒトラーのやったことは、それがヒトラーの所業だからというだけの理由で、頭ごなしに失敗ときめつける態度。

こうした態度や姿勢が障害のひとつになっている。たしかにそうしたい気持ちはよくわかる。だがそのような先入観が、認識や判断を狂わせることは誰でもよく知っている。

もうひとつの障害は、今日の歴史研究の傾向そのものにある。現代の歴史学は、正確さを旨とするために、かぎりなく科学であろうとする傾向が非常に強い。つまり歴史のなかに法則性を求めようとするのである。そのために、たやすく法則性を見いだすことのできるような社会現象や経済発展にばかり目をむけ、本来歴史を決定する重要な政治的要因を軽視し、とりわけ政治をかたちづくる個々の人物、いわゆる「偉大な人物」の影響をあっさり却下してしまうのである。

もちろん、こんな浅はかなトレンドはヒトラーには通用しない。だがそのようなトレンドに乗っかろうという者は、こういうであろう。まるまる十五年ものあいだ政治を支配した一人の人間が、どんな正しいことをしたか、どんなまちがいをおかしたか、それをいちいち追いかけろというのは、自分のようなまともな歴史家にはどだい無理な要求だ。しかもヒトラーのような魅力のない人間の性格や特徴をあれこれ調べあげるなんて、そんなやり方は時代遅れだ。

だが逆にいえば、ヒトラーのような現象こそは、いまの歴史研究の方向性がまちがっていることを、如実に証明しているのではないか。レーニンや毛沢東も現象としてはこれとおなじだ。ただ彼らの影響範囲はなんといっても自国内にかぎられていた。これにたいしてヒトラーは、全世界を新しい方向に突き動かしたのだ。もっとも、彼が意図したのとはまったく別の方向だったが。ヒトラーを調べていて複雑怪奇で興味が尽きないのは、こういうところにある。

まともな歴史家なら、ヒトラーがいなくても二十世紀の歴史はいまと変わりはなかったとは、口がさけてもいわないだろう。ヒトラーがいなければ、そもそも第二次世界大戦が起こったかどうかもわからない。たとえ第二次世界大戦が起こったとしても、彼がいなければ別の経過をたどったことだろう。同盟関係も、戦場も、結果もまったくちがったものになったはずだ。

今日の世界は、それが私たちに気に入ろうが入るまいが、ヒトラーがつくった世界である。ヒトラーがいなければ、ドイツの分裂も、ヨーロッパの分裂もなかった。ヒトラーがいなければ、アメリカ人やロシア人がベルリンに居座ることもなかった。ヒトラーがいなければ、イスラエルもできていなかった。ヒトラーがいなければ、植民地が解放されることもなかった。すくなくともアジア、アラビア、ブラック・アフリカの自由独立がこんなにはやく進むことはなかったし、ヨーロッパ社会の階級解体も起こらなかった。

より正確にいえば、こうしたことすべては、ヒトラーが失敗したおかげで起こったのである。むろん、この男にそんなつもりはさらさらなかったのだが。

かつて歴史上の人物で、さして長くない生涯のうちに、これほど根本から世界をひっくり返し、しかもその影響があとあとまで長く続いた人間が、ヒトラーをおいて他にいただろうか。そんな人物をさがすには、歴史をずっとさかのぼって、アレクサンダー大王までたどらねばならない。だが自分がやろうとしたこととまったく逆のことを、前代未聞の力わざでやってしまった男は、ヒトラー以外世界の歴史のどこにも見あたらないだろう。

ピラミッド構造での世界支配を夢想

ヒトラーがやろうとしたのは、ドイツがヨーロッパの覇権を握り、ロシアを直接支配したうえで、アフリカ、アジア、オセアニアにおけるヨーロッパの植民地支配を維持することだった。権力のピラミッドをつくるのである。

いちばん下の基盤には、旧ヨーロッパ列強が海外に獲得した植民地と、新たに獲得したロシアをあてる。中間部はヨーロッパの従属国を階段状に積みあげて固める。そして頂点にドイツが座る。このようなドイツ人支配の大帝国を築いて先々の見通しを明るくしたうえで、後日アメリカと日本を相手に世界支配を争おうとしたのである。

ヒトラーが現実にやりとげたことはなんだったか。アメリカが西ヨーロッパの覇権を握り、ロシアが東ヨーロッパの覇権を握り、ドイツが分断された。そしてヨーロッパが支配していた植民地はすべて解体された。米ソ二大国が世界の頂点に並びたち、その下で、かつてヨーロッパに支配された植民地が次々に独立して自由を享受した。

だがヨーロッパの国々は、二つの超大国の支配下に組みこまれ、序列化された。ドイツはさしあたり独立国家の体を失い、ピラミッドの最下層におとされた。そして分断され占領されたまま、かたやアメリカの、かたやロシアの半従属的同盟国の地位にまでのしあがるのに何年もの月日を要したのである。

ようするに、ヒトラーは成果といえるようなことはなにひとつなしとげなかったのだ。この男はただとんでもないことをやらかしただけだった。歴史上いかなる偉大な人物も見せなかったような、おそるべき力をふるって、この男はまちがった箇所にハンマーをたたきつけたのだ。

だがだからといって、彼が及ぼしたすさまじい影響力を無視してはならない。そして彼が、一九三八年の秋と一九四〇年の夏の二度、所期の目的をほとんど達しかけていたのを見逃してはならない。なかば手に入れていたものを逃してしまったのは、いったいどんな失敗をおかしたためなのか。

その失敗の原因を見つけだすには、ひまつぶしのお遊びでは埒《らち》があかない。やはり厳格な歴史的観察が必要だ。そしてヒトラーの性格的特徴にも肉薄しなければならないが、これもまた漠然とした好奇心だけでとりくめるほどやわな問題ではない。彼がおかした失敗の原因は、彼の性格的欠陥に根ざしたものだった。

その失敗の原因の一部は、彼がおかした誤謬にも見いだすことができる。すくなくともひとつの失敗を（その最初の影響はすでに一九三三年からあらわれていた）、ヒトラーはあらかじめ自分の頭のなかにプログラミングしていたのである。

前章で見たように、ヒトラーの世界観においては、二本のまったく別のシナリオが同時に進行していた。一方のシナリオでは諸民族が、正確にいえば白色人種たち――ヒトラーにとって有色人種はものの数ではなかった――が果てしない戦いを続けていた。生存圏を獲得して、他民族を支配し隷属化するためである。勝利のあかつきには世界支配が待っていた。

それと同時にもう一方のシナリオでは、ユダヤ人を滅ぼすために、白色人種が一致団結して戦っていた。つまりヒトラーははじめから、二つのまったく異なる目的を同時に追いかけていたのである。一方ではドイツによるヨーロッパ支配をめざし、もう一方ではユダヤ人の絶滅をもくろんでいた。この二つが両立するはずがない。たがいに邪魔になるばかりである。

「大のドイツびいき」だったユダヤ人を迫害した代償

二兎を追う者は一兎も得ず。政治の鉄則である。しかもヒトラーの場合、一兎追うだけでも前途遼遠だった。一方の目的を達するだけでも、異常なまでの集中力を必要とし、しかも幾重もの幸運にめぐまれてようやく手がとどくほどだったのである。

ヨーロッパ制覇の夢を掲げながら、これまで誰もがつまずいてきた。カール五世、フィリップ二世、ルイ十四世、そしてナポレオンである。だからといって、これらの前例をたてに、最初からしりごみしてしまう理由もなかった。

十六世紀のスペイン、十七世紀、十九世紀のフランスにできなかったことが、二十世紀のドイツにできないとはかぎらない。だがだからといって、ヨーロッパ制覇となればただでさえ頑強な抵抗が予想されたのだから、つくらなくてもいい敵をつくったのはまずかった。

ヨーロッパを制しようとするなら、よけいな敵を増やしてはならない。それなのに、もとはといえば大の親友だったものを、手前勝手な理由で敵にまわしてしまったのである。これは大きな失敗だった。ユダヤ人はドイツの親友だったのに、それをヒトラーはわざわざ敵にまわしてしまったのである。

この場合、ユダヤ人がどのくらい政治的影響力をもっているかは気にしなくてよかった。たぶんヒトラーは、ユダヤ人の政治的影響力を過大に評価しすぎていたのだろう。気になるならなおのこと、彼らを味方につけて、敵側に走らせないようにすべきだった。

ヒトラーの時代まで、世界のユダヤ人は圧倒的にドイツびいきだったのだ。第一次世界大戦のとき、敵側（英仏露米側）はこれにさんざん苦しめられた。アメリカが英仏側に立って参戦しようとしたとき、これに断固反対したのがユダヤ人だった。ロシア帝政を打ち倒そうと、ドイツがロシア革命を後押ししたとき、これに率先して協力したのがユダヤ人だった。

それなのにヒトラーは、反ユダヤ主義をあおりたてて、不必要に多くの敵をつくっただけでなく、かつての友人をも敵にまわしてしまった。ドイツ側の天秤にのっていた重りをとりのけて、敵側の天秤にのせてしまったのである。これはいってみれば、二重に苦労を抱えたのとおなじだった。

こうして反ユダヤ主義をあおりたてたために、ヒトラードイツははじめから、無用のハンディを背負うことになった。だがこの事実はいまだに重要視されていない。はじめドイツのユダヤ人は、日常においてたえず侮辱、中傷、差別といった嫌がらせを受けた。それでもまだ、究極的な惨劇にまではいたらなかった。

とはいえ、友人を敵に変えるには、これだけで十分だった。ドイツのユダヤ人は、ヒトラーの時代までは大半がドイツにぞっこん惚れこんでいて、なかにはヒトラーの時代になっても、なおドイツびいきをやめない涙ぐましい人たちまでいたというのに、なんということだろう。

西ヨーロッパのユダヤ人は、解放されるとみな熱烈な愛国者になった。だがドイツのユダヤ人ほど、熱烈な愛国主義者はどこにもいなかった。「ユダヤ人はドイツに恋狂いしている」、なかばあきれ顔で人びとはそういったものだ。ヒトラーが権力を握るまでは、こんな状態が五十年続いた（イェルク・フォン・ウートマンは著書『ドッペルゲンガー、血の気のない男』のなかではじめて、なぜユダヤ人がドイツ人に親近感を抱くのか、その原因をさぐろうと試みている)。

たしかにユダヤ人側の一方的な片思いだった。ドイツ人は虚栄心をくすぐられ、ちょっぴり違和感をおぼえ、ユダヤ人のなれなれしさに辟易しながらも、彼らのラブコールをしぶしぶ受け入れた。だがこんなユダヤ人とドイツ人のちぐはぐな恋物語は、文化の領域でみごとな花を咲かせたのである。

出版業者サムエル・フィッシャーを思いだすがいい。彼のもとからマン、ヘッセ、ツヴァイク、カフカといった大文豪が生まれた。演出家で劇場経営者でもあったマックス・ラインハルトが現代演劇になした貢献と、彼が育てた役者たちのことは誰もが知っている。そしてドイツは二十世紀のはじめの三十年で、科学の分野でも経済の分野でも、イギリス、フランスを追いぬいた。だがこれはほかでもない、ドイツのユダヤ人が卓越した才能を発揮したからである。

それも一九三三年であっというまに終わってしまった。傷つけられ踏みにじられたユダヤ人の大半が、ドイツへの愛を捨てて、ヒトラーに憎悪を抱くようになったのだ。それだけでなく、ユダヤ人の友人をもつドイツ人までもがこの独裁者を憎んだ。ヒトラーの大波にさらわれまいと、ささやかな抵抗がなされたが、その大半が反ユダヤ主義への反発によるものだった。

こんなとるにたらない少数派のささやかな抵抗が、どの程度ヒトラーを弱らせることができたかは、推して知るべしである。たとえば、ドイツ文学の大物たちがこぞって亡命したときも、それはヒトラーにとっては痛くもかゆくもなかった。だがそれが世界におけるヒトラードイツの評判をどれほど傷つけたかは、はかりしれないものがあった。

ヒトラーの反ユダヤ主義は、さらに手痛い損失をドイツの学問にあたえた。アインシュタインを筆頭に、ユダヤ人科学者は次々と国外にのがれていった。それにとどまらず、優秀なドイツ人科学者までもが、ユダヤ人の同僚や師を慕って祖国を離れた。そしてこれまで大挙して、学問の総本山ドイツに巡礼にきていた外国人研究者も、蜘蛛の子を散らすようにいなくなってしまった。

これまで原子力研究の中心はゲッティンゲンにあったが、一九三三年以降はアメリカに移った。ヒトラーのユダヤ人迫害がなければ、おそらくアメリカではなく、ドイツが最初に原子爆弾を開発していたのではないかと考えると、なんとも神妙な思いがする。

ドイツによるヨーロッパ支配は可能だったか

このようにヒトラーははじめからユダヤ人憎悪をあおりたてて、自分の行く手にはかりしれない障害を積みあげてしまった。これは疑いなく、彼がおかした最初の大きな失敗だった。この事実は、いまなお見落とされている。だが破局までには、まだまだ失敗が許された。

というのも、反ユダヤ主義があれほど大きなダメージをドイツにあたえたにもかかわらず、ヒトラーは二度までも、所期の目的にかぎりなく近づいていたからである。一度は一九三八年の秋、イギリスとフランスの同意を得て東ヨーロッパの覇権が認められたときのこと。もう一度は一九四〇年夏、フランスに勝利し、ヨーロッパを占領して、ロシアから西のヨーロッパ大陸ほぼ全土を足元にひれ伏させたときである。

思わず問いが湧いて出る。ドイツがヨーロッパに覇を唱えてこれを支配すること自体、妄想にすぎなかったのか。ヒトラーがこのような目標を掲げたことは、はじめからあやまりだったのか。

この問いは今日、話題に上るたびにさして議論もなされずに、まるでゴミでも捨てるように、「そのとおり非現実的な絵空事さ、ドイツがヨーロッパを支配するなんてばかげてるよ」とあっさり片づけられてしまう。まして戦後生まれのドイツ人、とくに若い世代にいたっては、自分たちの父や祖父がかつてそんな野望を抱いたこと自体、狂気の沙汰だといわんばかりに目をむいてあきれるありさまだ。

だが、はっきりさせておこう。彼らの祖父や父親たち、それは二世代にわたって第一次世界大戦と第二次世界大戦を戦った世代だが、この人たちのほとんどが、ドイツによるヨーロッパ支配は理にかなった実現可能なことと考え、それに熱狂して戦場におもむき、すくなからぬ者たちが死んでいったのである。

もちろんこれだけで、ドイツのヨーロッパ制覇、ドイツによるヨーロッパ支配が実現可能であったとか、望ましいことだったといっているわけではない。今日それを肯定する者はほとんどいないだろう。

だが一九三八年秋と一九四〇年夏のヨーロッパの状況を、たとえてみればスローモーション映像のかたちで思い起こし、一場面一場面をつぶさに観察したならば、そしてヒトラー以後のすっかりさびれたヨーロッパと、ヒトラー以前の世界に冠たるヨーロッパを見くらべたなら、そのとたん誰もが考えこんでしまうだろう。

世界権力の座を守るためには、やはりヨーロッパは統合する必要があったのではないか。そのような統合はやはり強力な軍事力なくしてはなしとげられなかったのではないか。そのためにはすくなくとも初期の段階では、一番強い国が覇権を握る必要があったのではないか。そしてその覇権を握るべき国家とは、やはりドイツだったのではないか――。

このような問いは、当然のことながら当時もなされた。そしてこれにたいして「そうだ、ドイツこそがヨーロッパを統一すべきだ」と答えたのは、先の戦争二世代に代表されるドイツ人だけではなかった。一九三八年、四〇年におけるドイツの隆盛を目のあたりにして、ドイツ人のみならず、他のヨーロッパ人も（むろん多少はためらい、迷いはしたではあろうが）とにかくドイツによるヨーロッパ統合に賛成したのである。

そして一九四五年以後、すっかり荒廃して落ちぶれてしまったヨーロッパの現状を見すえれば、当時の人びとの判断がかならずしもまちがっていたとはいえないだろう。そしてヨーロッパを統合するドイツが、ヒトラードイツでさえなければ、こうした判断はなおさら現実味をおびたものになっていただろう。

ヨーロッパがヒトラーに支配されていたら、それは悪夢そのものだったろう。ヒトラーに支配されたドイツが、いろいろな意味で悪夢だったことを見ればよくわかる。ユダヤ人が迫害され、強制収容所がつくられた。憲法がなくなり、法はなしくずしにされた。ユダヤ系の芸術家がいなくなって文化がすっかり田舎くさくなった。

だがこうしたことに気をとられて、見逃がしてはならないことがある。それは十九世紀につくられたヨーロッパの勢力均衡システムが、もはや二十世紀には用をなさなくなっていたということだ。第一次世界大戦とそれに続くヴェルサイユ体制によって、すでにその核となる部分が破壊されていたのである。

その後イギリスとフランスが、長いあいだためらったあげく、一九三九年ようやく重い腰をあげて勢力均衡を復活させようと試みたが、翌四〇年に挫折してしまった。第二次世界大戦という過酷な実験は、二十世紀のヨーロッパにはもはや二つの選択肢しか残されていないことを証明してみせた。つまりドイツに統合支配されるか、それともアメリカ・ロシアに支配されるか、二つにひとつだった。

そしてむろん、ヒトラードイツよりもアメリカに支配されるほうがずっとよかったし、ドイツにくらべれば（このことについては異論があるだろうが）ロシアに支配されるほうがまだましだった。だがその一方で、もしドイツが覇権を握っていたら、ヨーロッパの統一は守られ、アジア・アフリカの植民地支配も当分のあいだは続けることができただろう、という見方もある。むろん実際にはアメリカ・ロシアが勝ったためにヨーロッパは分断され、植民地も失うことになったのだが。

ここまで説明すれば、なぜヒトラーが、一九三八年には東ヨーロッパで、そして一九四〇年にフランスを制圧したときにはヨーロッパ全土で、ある程度の理解と支持を得ることができたのかがわかるだろう。

たしかに当時ヨーロッパ人のあいだで、統合への期待が高まっていたわけではない。

十九世紀なかばのドイツ人が、国民国家統一を希求していたときのような興奮は、このころのヨーロッパにはなかった。ヨーロッパで統合への思いがいっきに燃えあがったのは、ようやく一九四五年に戦争が終わってからだ。とりかえしのつかないことをして、はじめてそれに気づいたのである。

だが一九三八年と四〇年のときも、ヨーロッパ人の胸のうちでは、これ以上戦争をしないですむなら、ドイツの支配のもとでヨーロッパがひとつになるのも、ひとつの手じゃないかという気分が湧き起こっていたのである。さしあたって（すくなくともはじめのうちだけ）ドイツの支配をあおぐのもいたしかたない、やつらの野蛮さにはしばらく目をつむろう、うまくすればわれわれヨーロッパはこの統一を用いて、より崇高なるものを獲得できるかもしれない……。

ヨーロッパのあちこちで人びとはこのような予感を抱いていた。プロイセン国家の歴史が思いだされた。かつてビスマルクのプロイセンは、一八六六年の戦争でドイツの諸州をうち破り、これらをひとつにまとめて統一国家をつくりあげたが、プロイセン自体は統一国家のなかに溶けこんで解消していったのだった。人びとの記憶のなかには、まだこうしたことが生々しく残っていた。

それならば、覇権を握ったドイツが統一ヨーロッパのなかに溶けこんでゆき、しだいに角がとれて丸くなることだってありうるだろう、逆にこちらからドイツに歩み寄ることで、ヨーロッパ統合の動きを加速させることだってできるじゃないか……。こんな思いが、一九四〇年当時ほとんどすべてのヨーロッパの国々、とりわけフランスでひろがっていた。

その後このような考えはみじんもなくなってしまい、そんな考えがあったことすら、人びとは思いおこそうとはしない。あのころドイツにヒトラーではなく、ビスマルクがいてくれたら……そう思わずにはいられない。

英首相チェンバレンはなぜ判断をあやまったか

だが感傷にひたっている場合ではない。ドイツを牛耳っていたのはヒトラーだったのだ。ドイツ支配のもとでヨーロッパが強化され統一されることになるのか、それともいまの私たちが知るような結果になるのか、すべてはヒトラーのさじかげんひとつだったのである（歴史編修を事とする社会学派の面々はあれこれ異論を唱えるかもしれないが、すべてはヒトラーにおまかせだったのである）。

「ヨーロッパ最後のチャンス、それは私だ」。一九四五年二月のボルマン口述書で、ヒトラーはこういってのけた。それはある意味正しかった。だがそのあとこういいそえるべきだった。「そしてそのチャンスをつぶしてしまったのも私だ」

ヨーロッパ最後のチャンスをつぶしたこと、これこそは彼がおかした第二の大きな失敗だった。第一の失敗は、すでに述べたように、反ユダヤ主義によってドイツのヨーロッパ政策に重いハンディを背負わせてしまったことだった。ヒトラーはなぜ、どのようにしてこの「ヨーロッパ最後のチャンス」をつぶしたのか、それも一度ならず二度までも。

それを知るには、一九三八年秋と一九四〇年夏に彼がおこなった政策をすこしくわしく観察しなくてはならない。このとき彼は、わざわざむこうからやってきたチャンスを二度とも見過ごした。あるいはわかっていながら却下した。いずれにせよ、絶好のチャンスをやり過ごしたのは、大きな失敗だった。これは彼が一九四一年ロシアに攻め入り、アメリカに宣戦布告したときとおなじくらいに致命的な失敗だった。

まずは手短に事実を述べる。

一九三八年三月、ヒトラーはオーストリアを併合して大ドイツ帝国をつくりあげた。そしておなじ年の九月、イギリスとフランスはミュンヘン協定で、ドイツがボヘミアとモラヴィアを併合することを承認した。チェコスロヴァキアは同盟国フランスを頼りにしていたのに裏切られた。

ミュンヘン協定は、チェコスロヴァキアを切り刻んだだけではなかった。これによりイギリスとフランスは、ヨーロッパの東半分を見殺しにして政治的に撤退し、以後ロシア国境にいたるまでの東ヨーロッパをドイツの支配にゆだねたのである。
ミュンヘン協定で切り刻まれたチェコスロヴァキアの残りの部分も、ヒトラーの手で蠟細工のようにこねられた。ポーランドとハンガリーは、ヒトラーがチェコを略奪するとき共犯者に仕立てられ、これを機にドイツの従属国になった。ルーマニアとユーゴスラヴィアは以前から経済的にドイツに依存していたが、ミュンヘン協定でフランスから見捨てられると、両国は政治的にもドイツに従属せざるをえなくなった。ブルガリアとトルコは、第一次世界大戦のときドイツの同盟国だったこともあり、今回もまたドイツに追随した。

ようするにヒトラーは、青年時代に描いた政治ヴィジョンを実現したのである。旧オーストリアのあとにできた国々と、ドイツ・オーストリアとロシアのあいだにはさまった地域を制圧して大ドイツ帝国ができた。しかも戦争をすることもなく、イギリスとフランスからもお墨付きをえた。ただロシアは、自国の西部国境にドイツの権力が集中するのに眉をひそめたが、しかしなすすべなく見守るしかなかった。

ヒトラーにとっていまなすべきことは、東ヨーロッパにひろがったこの新しい大ドイツ帝国の体をととのえ、様式を定め、諸民族を新たな秩序に組み入れることだった。もはや戦争の必要はなかった。戦争なしにそれをすることが、英仏側が承認がわりに突きつけた暗黙の条件でもあった。

彼ら（英仏側）はミュンヘン会談で、東ヨーロッパの同盟国を犠牲にしてでも「当面の平和」を手に入れたかったのである。イギリス首相チェンバレンは、ミュンヘンから帰国するや早々、すでに目的は達せられたと宣言した。これは彼の軽率な思いこみにすぎなかったが、それにはそれなりの理由があった。

チェンバレンは、ヒトラーはこの先何年も、東ヨーロッパで平和づくりにはげむだろうとふんでいたのである。ミュンヘン会談で、チェンバレンがフランス首相ダラディエと結託してドイツに明け渡した東ヨーロッパの広大な地域、この多民族ひしめく広大な地域を組織統合するには、センスと才覚はむろんのこと、なみはずれた国家経略の手腕と忍耐力が必要であった。だからいかにヒトラーといえども、しばらくはとても戦争どころではないだろうと英仏側はふんだのである。

五十歳になった独裁者の決意

だがヒトラーには、国家を経営する度量も熱意もそなわっていなかった。国家経略に関して、彼になんの能も才もなかったことはすでに述べた。なにしろこの男には、いま存立している自分の国に、新しいしくみをつくることさえできなかった、あるいはその気すらなかったのだ。ましてこれからさらに新しい国家共同体をつくりあげるなど、できるはずがなかった。政治的構想力すら、ヒトラーにはそなわっていなかった。

そして奇妙きてれつなことに、この男は自分が手に入れた国家や民族の将来について、まったく関心がなかったのである。それらは彼にとっては、ただの属国、原料供給者、行軍の通り道でしかなかったのだ。

この男には、新たに獲得した大帝国を、生涯をかけて組織経営してゆくのに必要な忍耐力さえそなわっていなかった。すでに一九二五年の時点で、彼には（東ヨーロッパ制覇より）もっと大きなもくろみがあった。ロシアを征服して隷属化しようと考えていたのである。フランスを平らげるのは、準備運動のようなものだった。彼は頭上に浮かぶ雲を、生きているうちにひとつ残らずつかみとるつもりでいた。

ぐずぐずしているひまはなかった。一九三九年四月、彼は五十になった。すでに引用した言葉が思いだされる。「私はいま五十だ。五十五、六十になるより先に、いま戦争をするつもりだ」。そもそも彼は、一九三八年のうちに戦争をはじめたかったのである。このこともすでに別の関連で述べた。

ミュンヘン協定は誰が見ても、ヒトラーの夢のような勝利だったが、本人は敗北と感じていた。思惑どおりにいかなかったからである。もともと武力で奪いとるべきものを、イギリスとフランスからプレゼントされてしまったのだ。これで戦争が延びた。

思わぬところで時間をロスしてしまった。

そのため彼は、一九三八年にやりそこねた戦争を、一九三九年に無理やり引き起こしたのである。チェコスロヴァキアの残りの部分を意味もなく軍事占領して、この無防備でもろい国家を解体した。これにより彼は、ミュンヘン協定の基盤をぶち壊したのである。これを見てイギリスとフランスは、ポーランドと条約を締結・更新した。するとヒトラーは「待ってました」とばかりにポーランドに侵攻して戦争を引き起こし、イギリスとフランスの宣戦布告を挑発したのである。

宣戦布告はしたものの、まだ戦争にはならなかった。一九三九年の時点で、イギリスもフランスもドイツと戦争する準備はできていなかったのである。軍備もととのっておらず、精神的にも覚悟ができていなかった。

そのため彼らは、ヒトラーのほうから先に戦端を開くのを待つしかなかった。ヒトラーは、フランスとの戦争は準備ができていたが、イギリスとの戦争は準備していなかった。フランス絶滅作戦はヒトラーの計画によれば、対ロシア戦の本番をひかえての「前哨戦」だった。そして一九四〇年のフランス遠征は、彼がなしとげた最大の成功でもあった。

フランスとちがってイギリスは、もともとヒトラーの計画では同盟国として、すくなくとも友好的中立国として想定されていた。イギリスへの侵略、あるいはイギリスにたいする海戦や封鎖戦争などヒトラーは準備していなかった。

準備もせずに侵攻することはためらわれた。イギリス海軍・空軍の優位を考えれば当然のことだった。そこで爆撃テロ（ロンドン爆撃）を試みたが、これはイギリスを屈服させるどころか、かえって英国民の戦意をかきたてた。そのようなわけで、イギリスとの戦争に決着がつかぬまま、ヒトラーにとってはのどに骨が刺さったような状態が続いた。一九三八年、三九年の政策が失敗だったことを告げる、最初の兆候だった。

一九四〇年夏、千載一遇のチャンス到来

だがイギリスとの戦いは頓挫したものの、フランスを制圧したことで、ヒトラーの不敗神話は全ヨーロッパにひろがっていた。しかも彼は、ヨーロッパ最北端のノールカプからピレネーにまでおよぶ、西ヨーロッパ全領域を軍事占領したのだった。

これによってヒトラーに、一九三八年のミュンヘン協定以来、二度目のチャンスがおとずれた。ミュンヘン協定のときは東ヨーロッパを支配するチャンスだったが（それを彼はポーランド侵攻でぶち壊していた）、こんどはヨーロッパ全土に新秩序を打ち立て、ヨーロッパにおけるドイツの覇権を恒久化するという千載一遇のチャンスだ

った。

しかもこのチャンスは、たんに提供されたというよりも、むこうからおしよせてきたといったほうが当たっていた。ドイツはいま戦争に勝ったばかりだった（ヨーロッパ諸国をうち破りフランスを制圧していた）。勝った戦争を無駄に終わらせないためには、講和を結ぶのが当然だ。しかもこの場合、フランスは講和を結ぶだけでなく、ドイツの同盟国になって「コラボレーション（協力）」したいと望んでいたのである（コラボレーションとはさまざまに解釈が可能な言葉である）。

ヒトラーが望みさえすれば、一九四〇年夏、彼はいつでもフランスと講和を結ぶことができたのである。そしてフランスとの平和回復を寛容の精神をもってすすめれば、ヒトラーに席捲された他のヨーロッパ諸国もすすんでドイツとの講和を望んだことであろう。フランスと講和を結んだあと、フランスを交えて平和会議を招集し、そこから一種のヨーロッパ共同体のようなもの、すくなくともヨーロッパ防衛・経済共同体のようなものを生みだすことができたはずだ。

一九四〇年夏、こうしたことすべてがヒトラーの射程範囲にあったのであり、彼がほんものの政治家なら、平和体制樹立の方向に動いたであろう。しかもこのようにすることが、イギリスの戦意をくじき、イギリスとの戦争を自然消滅させてしまう最良の方法でもあった。

そもそもイギリスがドイツに宣戦布告したのは、ヨーロッパ大陸の友好国に手をさしのべるためだった。だがその国々がヒトラーと講和を結んでしまったら、イギリスにはもはや戦争をする理由がなかったであろう。そしてドイツを中心にひとつになったヨーロッパにたいして、イギリス一国にいったいなにができたであろうか。

だが注目すべきことに、このような平和体制樹立の可能性が、一九四〇年六月から四一年六月までの十二カ月のあいだに、ヒトラーの脳裏にひらめいたことはなかったし、まして計画構想として浮かんだこともなかった。この男は平和を樹立することなど考えたこともなかったし、そもそも平和政策そのものが、彼の頭には欠落していたのだ。

フランスを制圧したあと、ヒトラーは敗戦したフランスにではなく、負けていないイギリスに休戦を申し出たのである。これはちょっと考えれば、まったく理に合わない行動だった。イギリスはやっと宣戦布告したばかりで、ようやく軍隊と予備兵力を動員しはじめたところだったのだ。

イギリスの海軍と空軍は、ドイツの侵攻を食いとめる力があったから、じっくり戦うゆとりがあった。戦争をやめる理由などまったくなかったのである。それどころか、ヒトラーがノルウェー、デンマーク、オランダ、ベルギー、ルクセンブルクなどヨーロッパ諸国を侵略して占領したいまこそ、イギリスとしては戦争する口実が増えたたくらいだった。ドイツと講和を結ぶ？　そんな理由はどこにもなかった。講和を待ち望むのは戦争に敗れた国であって、負けていない国のすることではなかった。

戦争というのは、軍事的勝利をおさめて、敵に講和を結ばせるためにおこなうものだ。もし敵を講和させることができなければ、せっかくの勝利はだいなしになる。ヒトラーはせっかくフランスを制圧し、フランスも講和を待ち望んでいたのに、その好機を利用せずに、なにを思ったか、まだ屈してもいない、講和の意志などさらさらないイギリスに講和を申し出たのである。

しかも和解をもちかけるのであれば、なんらかの譲歩が必要であったろうが、そのあたりの配慮はいっさいなかった。これは政治家としておかしてはいけない初歩的なミスであり、そもそも動機からして不可解であった。

こうして彼は、対フランス戦の勝利をふいにすると同時に、ヨーロッパを統一してドイツが覇権を握るまたとないチャンスをもだいなしにしてしまったのである。これはそれまでの失敗の傷口をさらに大きくした。奇妙なことに、ヒトラー文献のどこを見ても、いまだにこうした致命的な失敗についてはほとんどふれられていないのである。

「平和は非常事態」という世界観

むろんヒトラーという男は、勝利して寛大にふるまえるような人間ではなかったし、先を見通して辛抱強く平和を積みあげることのできる大人物でもなかった。一九四五年一月三十日、彼がおこなった最後のラジオ演説で、ヒトラーは自分のことを「私はつねに撃って撃って撃ちまくることしかしてこなかった男だ」と評している。これは自慢とも受けとれるが、実際は自分を責めていたのである。つまり自分はぶち壊すばかりで、建設することのできない人間だということを大げさに誇張して同情をさそったのである。

こういうところからも、ヒトラーが暴力的なだけでなく、なかなか計算高い人間だったことがわかる。だが「暴力だけで手に入れたものは、ほんとうに所有したことにはならない」と語ったクロムウェルの言葉の意味を、この男はとうとうわからずじまいだった。

彼は平和の建設者ではなかった。そんな才能はこの男にはなかった。どのヒトラー伝記をめくっても、どの第二次世界大戦の文献を見ても、ヒトラーが一九四〇年の夏に、ヨーロッパ統合という千載一遇のチャンスを逃したことをきちんと説明したものはない。

それはおそらく、この男の所業があまりにも破壊的で、建設性のかけらも見られなかったためだろう。だがそれだけに、ヒトラーという人間の長所と欠陥を正しく判断するためには、まさにこの一九四〇年夏の画像を一瞬ストップさせてみなくてはならないのである。彼の長所と欠陥が、これほどたくさんしかも同時にかいま見られるのは、このときをおいて他にはない。

ヒトラーはいま述べたように、ヨーロッパ統合のチャンスを投げ捨ててしまったが、しかしそのようなチャンスをみずからたぐりよせたのも彼だった。意志の力、倦むことのない活力、そして実績を生みだす力、この男は自分が力の権化であることを証明してみせた。そして自分が身につけた政治的才能をいかんなく発揮したのである。

とりわけ相手の隠れた弱点をさぐりだして、それを「非情冷酷」に利用しつくし、用が終われば「電光石火のごとく」すばやく処理してしまう能力にたけていた（この「非情冷酷」と「電光石火のごとく」がヒトラーお気に入りの決まり文句だった）。

つまり彼は、あの歴史的瞬間において、「非情冷酷」な政治的才能と、「電光石火のごとき」軍事的才能をあわせもっていたことになる。その一方でこの男に完全に欠落していたのは、政治家としての建設的構想力、つまり長く安定したものを築きあげる能力だった。この男に講和条約が結べなかったのはそのためであり、憲法など国のしくみがつくれなかったのもそのためだ（講和条約は国際社会のしくみづくり、憲法は国のしくみづくりであり、ともにおなじことである）。

それが彼にできなかったのは、確定するのを嫌う性格と短気な性格があわさって作用したためで、この二つの性格が彼の自己陶酔のもとにもなっていた。つまり自分は完全無欠であると信じ、自分の直感に全幅の信頼を置いていたから、足かせになるようなしくみとか制度といったものはつくることができなかったのである。

また彼は自分が他に代えがたい存在であると信じ、生きているうちになにもかも実現しようと考えていたから、成長に時間のかかるものはなにひとつ植えられなかったし、物事を後継者に託すということもできなかった。それどころか後継者をつくることすらできなかったのである（そもそも後継者という考えを彼は奇妙なほどに嫌っていた）。

彼がなすべきことをなさずして深刻な事態をまねいてしまったことの原因（つまりヨーロッパ統合のチャンスを逃してしまい、平和を構築することができなかったことの原因）は、まさにこのような性格的欠陥と資質の欠如にあった。それともうひとつ、一九四〇年にヨーロッパ統合のチャンスを逃したのは、ヒトラーの世界観がまちがっていたからでもあった。これについてはすでに「誤謬」の章で述べた。

ヒトラーの政治的世界観からすると、戦争が正常な状態で、平和は非常事態であった。平和は戦争準備にあてるべきものだと、彼は思っていた。戦争はつねに講和を結ぶためのものでなければならないことが、この男にはわかっていなかった。

ヒトラーにとって、政治の最終目的は平和を獲得することではなく、戦争に勝つことだった。彼は六年のあいだ平和を誓いながら、着々と戦争の準備を重ねた。やっと戦争を手に入れたら、もう二度と手放せなくなった。おりにふれて、彼はあからさまに公言していた。ポーランドとフランスに勝ったからといって、途中で休憩していたのでは、ドイツをあらためてロシア戦にむけるのに苦労するだろうと。

絶滅対象としてのフランス

ヒトラーがよりによってフランスとだけは講和を結ぶまいと考えたのには、もうひとつ別の理由があった。それはすでに前章で見たように、ヒトラーの世界観に従えば、強者が勝利すれば敗れた弱者を絶滅させるか、もしくは無条件に隷属化するのが当然のことだったからである。

他でもないフランスに関しては、『わが闘争』のなかで、「絶滅」という言葉があたりまえのように使われている。「われわれとフランスとの果てしない不毛の戦いが意義あるものになるとすれば、それはドイツがフランスを絶滅して、ドイツ民族に生存圏の拡大をもたらす場合のみである」と同書は述べている。

一九四〇年夏、この時点においてもヒトラーはまだイギリスが譲歩してくるのではないかと期待していた。こうした状況のもとでは、フランスにたいして、すでにポーランドで実施して、翌年にはロシアでもはじめることになる絶滅政策を展開することはまだできなかった。

だがヒトラーは、ことフランスにかぎっては、絶滅以外の目標は念頭においていなかったようだ。かりにフランスと講和を結ぶようなことにでもなれば、それはなりゆきからして当然和解の講和、つまりあけすけにいえば独仏合体の講和ということにならざるをえないから、彼の考えからすれば、フランスとの講和などなおのことありえないのだった。絶滅の方針は変わらなかったのである。ただその実現は延期もしくは保留となった。だがどんなことがあっても、ヒトラーはこの方針を曲げるつもりはなかった。

ここでは、ヒトラーの一見矛盾するように思われる二つの性格が、奇妙にからみ合っているのがわかる。二つの性格とは、限定することを嫌う傾向、そして予定したことはあくまでも貫こうとするプログラムへの執着である。

この二つの性格がからみ合うと、ヒトラーは現実が見えなくなってしまうのだ。そうなると、思いがけない予定外のチャンスがめぐってきても、彼はそれをチャンスとは受けとめない。想定外の危険が迫っても、危険だと気づかないのである。

この点で彼は、スターリンとはちがっていた。その他の点では二人とも、多くの共通する特質をもっているのであるが（たとえば残酷さなどがそうだが、これについては次章で扱う）。スターリンは、自分をとりまく現実にたいしてつねに注意をはらっていた。これにたいしてヒトラーのほうは、〝山だって動かせる〟と過信していた。

現実を見ない、見ようともしない彼の性格的欠陥がもっともあらわになったのが、ほかでもない、この一九四〇年六月から四一年六月までの時期であった。このときヒトラーは、知らず知らず自分の運命を決定していたのである。この時点で彼は、手に入れられるものは、すべて手に入れていたことに気づいていなかった。フランスを制圧した時点で、ヨーロッパ大陸はまさに講和のときを迎えていたのである。

ヨーロッパ大陸で平和が樹立されれば、イギリスの戦闘意欲はまたたくまにしぼんでしまったにちがいない。だがこのような展開の可能性に、ヒトラーはまったく無関心だった。そもそも彼は、イギリスと真っ向から戦争する気などなかった。そんな戦争は彼の計画には組みこまれていなかったし、彼の世界観にもそぐわなかった。

イギリスの背後でアメリカが脅威を増してきていることを、ヒトラーは長いあいだ真剣に受けとめなかった。彼はアメリカの軍備が遅れていること、アメリカ国内の干渉主義派と孤立主義派とが対立していることに期待をかけていた。場合によっては、日本がアメリカの足を引っぱってくれるだろうと、極東の同盟国を頼りにもしていた。

ロシアとの開戦をめぐる「不可解」

ようするに、ヒトラーの行動計画にアメリカは入っていなかったのである。彼がめざしていたのは、フランスを破って背後を固めたあと、生存圏を拡大するための大戦争をロシアとはじめることだった。

そしてあれこれ考えたあと、ヒトラーはとうとう対ロシア戦に踏みきった。そもそもヒトラーの計画では、ドイツとロシアが戦った場合、イギリスは敵にはまわらず、盟友もしくは友好的中立国の立場をとってくれるはずだった。だがそのイギリスと予定外の戦争をする羽目に陥ったうえに、こんどはロシアにまで戦争をふっかけたのはどういう心算あってのことだったのか。

ロシアは原料・食料の供給国として、ドイツにとってなくてはならない国、しかもこれまで忠実に中立を守ってくれていた友邦であった。ヒトラーがロシアとの中立条約を踏みにじって攻撃にでたのは、ロシアを征服してしまえば、それまで以上に従順で信頼のおける原料・食料供給国になるだろうと考えたからだった。

そしてロシアを制圧すれば、イギリスも将来のパートナーと考えていたロシアへの望みが絶たれて、戦意を喪失するにちがいないと確信したからだ。だがそれはまちがいだった。ロシアはイギリスにとって、希望の星でもなんでもなかったのだ。イギリスはロシアではなく、アメリカを将来のパートナーとして信頼していたのである。

こんなヒトラーの手前勝手な試みに、あまり深い理由を求めてはならない。彼がロシアを攻撃したのは、イギリスとの戦争が長びいていたからではなく、長びいていたにもかかわらずあえておこなったのである。

ロシアを攻撃したのは、ロシアとのいざこざが原因ではない。たしかに一九四〇年の後半、ドイツとロシアのあいだに摩擦はあったが、一九四一年の夏にはすでに調停ずみだった。ヒトラーがロシアを攻めたのは、彼の作戦地図のなかで、ロシアがつねにドイツの生存圏としてマークされていたからであり、フランスに勝ったいま、ヒトラー主演の征服劇場の看板演目を、お披露目するときがきたとふんだからだった。

すでに一九四〇年七月、ヒトラーは軍首脳部を前に計画を打ち明けていた。そしてその計画は、一九四〇年十二月十八日に決定事項となり、翌一九四一年六月二十二日に実行された。

しかけられもしないのにロシアを侵攻したのがヒトラーの失敗であったこと、しかもこれによりみずから敗戦をまねいたことは、今日の私たちの目にはあきらかである。だが問題は、当時もそれが失敗として認識されたかどうかだ。

一九四一年当時、ロシアの国力は一般的に低く見られていた。イギリスやアメリカの参謀本部も、ロシアはすぐ負けるだろうと見ていた。実際ロシアは一九三九年冬、フィンランドとの戦争で弱さをさらけだしていただけに、そう見られてもしかたがなかった。ヒトラーは、ロシアはろくに抵抗できないだろうと軽く見ていた。

事実、一九四一年の緒戦におけるドイツ軍の快進撃は、ヒトラーの予想の正しさを証明しているように見えた。彼が別の戦略を用いればモスクワを落とすことができたかどうかは、いまなお論争がたえない。いずれにしても、モスクワ陥落はすんでのところまでいっていた。

だがモスクワを陥落させたところで、豊富な人的資源と広大な土地をもつロシアを相手に、戦争を終結させることはとうていできなかっただろう。その意味で一九四一年のヒトラーも、一八一二年のナポレオンも置かれた状況はおなじだった。

こんなとほうもない土地と人口を抱えた国と戦争をはじめて、いったいどうやって終わらせるのか。不思議なことにヒトラーは、そのようなことを真剣に考えたことがなかったのである。フランスを落としたときとおなじように、このときも彼は軍事的勝利さえおさめればそれでいいと思っていた。モスクワを陥落させたあとは、ただアルハンゲリスクとアストラハンを結ぶラインまで前進することしか考えていなかったのだ。

つまりそれは、巨大な東部戦線を支えながら、もう一方でイギリスとの戦争を継続し、迫りくるアメリカとの戦いにもそなえるということだった。

ところでイギリスとの戦争、そして制圧はしたものの不穏な状態が続く大陸ヨーロッパの秩序維持、このことのためにすでにドイツ陸軍の四分の一、空軍の三分の一、そして海軍のすべてが動員され、さらに物資供給のために産業界全体が勤労奉仕につとめていた。しかもイギリスとの戦争が終わらないだけに、東部での戦争は早く終えなければならなかった。

戦争をはじめたころ、イギリスの軍備はドイツよりも数年遅れていたが、いまやイギリスの戦力は日ましに強化されつつあった。アメリカの軍備が着々と進められていたことはいうまでもない。英米両国が二年か三年のうちに、ヨーロッパに攻め寄せることはまちがいなかった。一九四一年の状況は、まさにこのようなものだったのである。

こんな状況で、強いられもしないのにロシアと戦争をはじめるなど、責任ある政治家なら当然ためらうところだった。だがヒトラーは、誰からも責任を問われなかったのだ。そして彼の直感は、『わが闘争』で決断を下して以来、十五年間変わることなく、またなんの根拠もなしに、「東方の大帝国は崩壊寸前である」と彼の胸にささやき続けていたのである。

ヒトラーは自分の直感を盲目的に信じていたから、東部戦線に送りこんだドイツ軍に冬じたくが必要なことなど思いつきもしなかった。六月二十二日にはじまったロシア遠征は、冬がくる前にかくかくたる勝利のもとに終結するであろうと、彼は確信していたのである。

だがそうはならず、モスクワを前にして冬将軍にみまわれたドイツ軍は、最初の手痛い敗北を喫したのだった。国防軍首脳部の戦時日誌にはこう記されている。「一九四一年末から四二年のはじめに破局がおとずれたとき、総統はこれを頂点にもはや勝利は望めないことをさとった」

これは一九四一年十二月六日のことだった。そして五日後の十二月十一日、ヒトラーはアメリカに宣戦布告したのである。

ヒトラーはなぜアメリカと戦ったのか

一九四一年、ヒトラーはいくつもの失敗を重ねてみずから墓穴を掘ったが、このアメリカへの宣戦布告はあまりにもあからさまな失敗であるがゆえに、彼がおかした失敗のなかでもっとも不可解であると同時に、これぞまさしく失敗の極致ともいうべきものであった。

これはあたかも、対ロシア電撃戦で挫折して、もはや勝利はおぼつかないとさとったヒトラーが、こうなったらもう負けて、負けて、負けつくしてやろうと覚悟を決めたかのようだった。なぜなら、イギリスもロシアも屈しないうえに、さらに世界最強とうたわれたアメリカが参戦すれば、もはや敗北は避けられないことくらい、ヒトラーならすぐ察しがついたからである。

これは誰が考えても狂気の沙汰としか思えない、ヒトラー一世一代の大失態だが、その動機については今日にいたるまで、明快な説明がなされないままだ。アメリカへの宣戦布告は、どうぞドイツをつぶしてくださいと、敵に招待状を送ったようなものだった。

なぜならヒトラーには、もうアメリカと戦うだけの武器も物資もなかったからである。このときドイツは、アメリカにハチの一刺しでも見舞ってやれるほどの、長距離爆撃機すら保持していなかった。そしてアメリカに参戦の招待状を送ることによって、ヒトラーはアメリカ大統領ルーズヴェルトに最大級の恩恵をほどこしてしまったのだ。

というのも、ルーズヴェルトは一年以上も前からイギリスにあからさまな支援をしたあげく、ついには大西洋で露骨な軍事行動にまで踏みこんで、ヒトラーを挑発してきたからである。ルーズヴェルトは、疑いなくヒトラーとの戦争を望んでいた。ヒトラーの敵対者のなかで、心からヒトラーと戦争をやりたがったのは、ルーズヴェルトをおいて他にない。それはルーズヴェルトが戦争を必要としていたからだった。だが彼は国内の抵抗にあって、みずから戦争をはじめることができなかったのである。

ヒトラーは（この場合は賢明なことに）一年以上ものあいだ、ルーズヴェルトの挑発にのらなかった。いやそれどころか、彼は日本を激励、支援してアメリカをおびやかし、ヨーロッパ戦争に参戦させないように手を尽くしたのだった。

そしてこの陽動作戦がいままさに、最大の成功をおさめた瞬間だった。十二月七日、日本が真珠湾のアメリカ艦隊を奇襲攻撃して、アメリカとの戦争をはじめてくれたのである。ドイツはそのままじっとしていればよかった。アメリカに挑戦状をたたきつけたのは日本なのだから、ルーズヴェルトとしてはドイツに軍隊を送りたくても、送りようがなかった。ドイツがなにもしないかぎり、ルーズヴェルトはアメリカ国民を対独戦争にむかわせることはできなかった。それなのに、ヒトラーのほうからわざわざ宣戦布告したために、ルーズヴェルトはよけいな手間がはぶけたのである。

ヒトラーがアメリカに宣戦布告したのはなぜなのか。日本への義理立てからか。そんなことをまともに信ずる者は一人もいないだろう。日本が自分の責任ではじめた戦争に、ドイツが参戦する義務はなかったし、逆にドイツがはじめた戦争に、日本が参戦する義務ももちろんなかった。

一九四〇年九月の日独伊三国同盟は、もっぱら防衛のための同盟だった。それに準じて日本も、ドイツがロシアを攻めたときには参戦しなかった。いやそれどころか、一九四一年四月ドイツ軍のロシア進撃があきらかになると、日本はロシアと中立協定を結び、独ソ戦のあいだ日本はこの協定をきっちり守ったのだった。そしてドイツ軍のモスクワ攻撃にストップをかけたのはほかでもない、満州の日ソ軍事境界線から撤収して送りこまれてきたシベリア隊だったのである。

だからヒトラーが、日米戦争をドイツの負担軽減に役立つ陽動作戦としてひややかに座視観望したのは、ちょうど日本が独ソ戦を傍観していたのとおなじく、それは戦術的にも道義的にもまったく正しいことだった。それにヒトラーには、日本に助け舟を出すような余裕もなかった。まして彼が情におぼれて日本に肩入れして、政策を変更するなどということはまったくありえない。ヒトラーはそんな男ではなかった。

ではヒトラーが、それまでできるかぎり延ばし延ばしにして阻止してきたアメリカの参戦を、ここへきてとつぜんみずからひきよせたのはなぜだったのか。日本が真珠湾を攻撃したからか。そうではない。それは、ロシアがモスクワ郊外で攻勢に転じたのがきっかけだった。

このときヒトラーは、「もはや勝利は得られない」と直感したのである。これはかなりたしかなことだ。だがこれだけでは、なぜアメリカに宣戦布告したのか、その動機がわからない。ロシア戦に勝ち目がなくなって絶望したにせよ、それでただちにアメリカに宣戦布告するというのは、どうにも腑に落ちない。

ヒトラーがアメリカに宣戦布告したのは、SOSを装ってのことだったのか。このまま戦い続ければ、二億以上の人口を擁するロシアが人口八千万のドイツをうち破るであろうことは、すでに一九四一年十二月の時点で十分予想がついた。

だがさしあたってドイツ軍は、かつてナポレオン軍がロシアの攻勢と冬将軍のダブルパンチを受けてまたたくまに壊滅してしまったのとちがい、いましばらくはもちこたえることができた（それはほかでもないヒトラーの精神力のたまものだった）。

こうした状況を踏まえたうえで、ヒトラーは、どうせ負けるならば、ロシアよりもアメリカと戦って負けたほうが、敗戦国の扱いが寛大だろうと考え、英米軍が西方から攻めよせるのをさそうべく、宣戦布告したのではないか。

だがそうともいえない理由がいくつかある。まず、この三年後に戦争が最終局面を迎え、ドイツはとどめの一刺しを受けるべく東西どちらかに死に場所を求めなければならなくなったが、このときヒトラーは東ではなく、西にむけて攻勢をかけたのである。

西側の寛大な扱いを望むのであれば、西に打って出るのではなく、東のロシアに最終決戦を挑んだであろう。これについては、最終章「背信」で述べる。

さらにヒトラーは、アメリカの兵力動員や軍備が遅れていることをよく知っていた。

一九四一年末から四二年はじめの時点で、英米側には、どうひいき目に見てもヨーロッパを制圧するだけの力はなかった。この段階ではアメリカの軍事力は、イギリスよりも劣っていたのだ。そんなアメリカに、早く西から上陸して殺しにきてくださいなどと妙なSOSを出すのはどうも解せない。

あるいはヒトラーは、アメリカ、イギリス、ロシアをあえて連合させて、このきわめて不自然な集合体の内部に不和の種をまこうともくろんだのか。アメリカとロシアの反目を利用して両者を仲たがいさせ、そのすきに窮地を脱しようとでも考えたのか。だとすれば、これはもはや勝利が望めなくなった状況においては、むろんいちかばちかの賭けであることに変わりはないが、まんざら非現実的ともいえない窮余の一策であったろう。事実、ロシアとイギリス・アメリカは、戦争が進むにつれて何度も深刻な争いを繰り返すようになった。

一九四二年と四三年には「ヨーロッパの第二戦線」をめぐって、一九四三年と四四年にはポーランドをめぐって、そして最後は一九四五年にドイツをめぐって（このときはルーズヴェルトのアメリカよりもチャーチルのイギリスのほうがはるかに強硬だった）、ロシアとイギリス・アメリカははげしい主導権争いを繰り広げたのである。のちの「冷戦」の種は第二次世界大戦中すでにまかれていたのであり、もうこのころから東西対立への道筋は見えていた。ただヒトラーは、連合国どうしの反目を利用して、これにつけいることをいっさいしなかった。

ロシアとは、現状維持をベースに特別講和を結ぶ機会が、一九四二年だけでなく、一九四三年にもあったにもかかわらず、ヒトラーはこれをことごとくはねつけてふいにしてしまった（それは、東部で孤軍奮闘して満身創痍となったロシアが、「西部に第二戦線をもうけてくれ！」と悲痛な叫びをあげながらも聞き入れられなかったときのことだ）。

では西側とはどうだったのかといえば、こちらのほうは一九四一年以降、ヒトラーは大量虐殺などおびただしい犯罪を重ねることで、講和のチャンスをみずからの手でつぶしていたのである。

なぜヒトラーはアメリカに宣戦布告したのか。この不可解な行動の理由をさぐるには、憶測に頼るほかはない。ヒトラー自身が動機をあきらかにしていないからである。一九四〇年から四一年の一年のあいだに、ヒトラーはいくつもの失敗を重ね、それによってほぼ完璧だった勝利を、敗北必至という絶望的な状況に激変させてしまっていた。

そうした失敗のなかで、この対アメリカ宣戦布告は、彼がおかした失敗のなかでもっとも不可解なものだった。それだけではない。この宣戦布告の決定は、彼が一人で下した数ある孤独な決定のなかで、もっともさみしさ極まるものでもあった。幹部会議で切りだすまで、ヒトラーはこれを誰にも相談しなかったのである。

ロシア侵攻以来、日々の大半をともに過ごしていた国防軍の将軍たちとも、外相リッベントロップとも、これを論ずることはなかった。まして一九三八年以来一度も召集していなかった閣僚に、意見を求めるはずもなかった。

だが外国の客人たち、すなわちデンマーク外相スカヴェニウスとクロアチア外相ロルコーヴィッツの二人を前に、彼は一九四一年十一月二十七日、奇妙な演説をぶったのである。このときはまだロシアの攻勢ははじまっておらず、ただドイツ軍のモスクワ攻撃が立ち往生していたころだった。記録によるとヒトラーは「この点に関しても私は非情冷酷なのだが」とことわったうえで、こう打ち明けたのである。

「もしドイツ民族がひとたび精強さを失って、民族の存続のためにおのれの血を流す覚悟がなくなってしまったのならば、そのときは滅びてしまうがいい。他のより精強な民族によって滅ぼされてしまえばいいのだ。そんなドイツ民族に、私はいささかの未練もない」

不気味な言葉だ。実際ヒトラーは一九四五年、ドイツに残されたものはすべて爆破せよ、ドイツ民族にいかなる生き延びるチャンスもあたえるなと命令を下している。つまり世界を征服できなかったことのつぐないとして、ドイツ民族など滅ぼしてしまえというのである。最初の敗北を喫しただけで、もうこんな背信の考えが湧いて出ているのである。これはすでに私たちが検証した、ヒトラーの性格にぴったりあてはまる。

どんな場合でも、過激きわまりない決断を下すのがこの男の性格だった。それも「非情冷酷」「電光石火に」である。アメリカへの宣戦布告は、彼が気持ちのスイッチを切りかえた最初の兆候だったのか。史上最大の征服者、最強の勝利者として歴史に名を刻まれる望みが消えたいま、せめて史上最大の破壊者として後世に名をとどろかそうと決意を固めたのか。

ひとつだけいえることがある。それは、ヒトラーの敗北はすでに、モスクワ攻略に失敗したときはじまっていたが、アメリカに宣戦布告したことで、その敗北が完璧なものになったということだ。

しかも一九四二年以降、彼は破局を回避するための手立てをなにひとつ講じなかった。新たにイニシアチブを展開して、政治や軍事の局面打開をはかることもしなかった。かつて万人をうならせた神算鬼謀も、一九四二年以後はすっかり影をひそめた。敗戦を回避するための講和の糸口はいくらでもあったのに、外交のチャンスはなにひとつ顧みられなかった。

それればかりか、一九四二年夏、ロンメルがアフリカで驚くべき勝利をもたらしたときですら、戦勝の好機を生かそうという動きは見られなかった。もはやヒトラーに、勝利への関心は失せたかのようだった。彼の関心はもはや別のことにしかなかった。

このころからヒトラーは、ますます身を隠すようになる。姿は見えず、声も聞こえない。大衆の前にあらわれることも、前線を視察してまわることも、爆撃を受けた町々をたずねることもしなくなり、公の場で演説をすることもめったにない。

ヒトラーはもっぱら大本営のなかだけで暮らしている。むろんいまだに政治権力は握っている。前と変わらぬ絶対的な権力だ。そして次々に将軍たちの首をすげかえ、軍事決定はすべて自分の手で下している。ときおり、スターリングラードで第六軍を見殺しにするような、奇妙な決定が下る。

このころの彼の戦略は、すっかり硬直化し、アイデアも品切れとなり、「どんな犠牲をはらっても死守せよ」という決まり文句が繰り返されるばかりだ。だがいくら犠牲をはらったところでとても支えきれるものではない。

東部では一九四二年末をさかいに、西部では一九四四年以降、占領地が次々と失われてゆく。ヒトラーは反応しない。引き延ばし作戦をとっているのだ。どうやら勝つためではなく、時間かせぎのためのようだ。奇妙なことである。以前は時間の流れが早すぎたのに、いまは時間をつぶすのに苦労している。

だが彼はまだ戦い続ける。そのための時間だけは必要だ。なんのために？　ヒトラーにはつねに二つの目的があった。ヨーロッパを支配すること、そしてユダヤ人を根絶すること。

はじめの目的はやりそこねた。これからは二つ目に集中してゆく。ドイツ軍はだらだらと意味のない引き延ばし戦術を続け、ただただ犠牲者を増やしてゆく。その一方で来る日も来る日も、人を詰めこんだ貨物列車が絶滅収容所めがけてごとんごとんと去ってゆく。一九四二年一月「ユダヤ人問題の最終解決」が布告された。

一九四一年までのヒトラーは、政治活動と軍事行動によって世界をあっといわせた。今度は彼の犯罪が世界中の息をとめる番だ。

第6章

犯罪

正真正銘の大量虐殺者

ヒトラーが、世界政治史上に名をはせる人物であることは疑いない。だがこの男が、世界の犯科帳に堂々と名をつらねているのもまた事実である。

壮図烏有《そうとうゆう》に帰したとはいえ、彼は征服戦争によって世界帝国を築こうとした。そんなとてつもない企てには、いつも大量の血が流される。にもかかわらず、アレクサンダー大王からナポレオンにいたるまで、偉大な征服者たちが犯罪者呼ばわりされることはまったくない。ヒトラーが犯罪者呼ばわりされるのは、なにも彼がアレクサンダーやナポレオンに負けじと人殺しに精進したからではない。

それにはもっと別の理由がある。ヒトラーが犯罪者呼ばわりされるのは、彼が軍事目的あるいは政治目的ではなく、まったくの個人的な欲求から、数えきれないほど多くの罪なき人びとを殺害したからである。

その意味で彼は、アレクサンダーやナポレオンと同列の人間ではない。いわば女性連続殺害のキュルテンや幼児連続殺害のハールマンといった殺人鬼とおなじたぐいである。ただちがうのは、ヒトラーがオートメーション工場式に大量に人を殺し、犠牲者の数が数百万に及んだのにたいして、いまあげた殺人犯たちは、こつこつと手仕事でことをなしたため、犠牲者の数も十、百の単位だったことだ。ヒトラーは正真正銘の大量虐殺者だった。

私たちはこの大量虐殺者という言葉を、厳密に犯罪の意味で使っている。敵味方の兵隊を死なせてしまった政治家や軍人に、ときとしてあびせられる「人殺し！」の罵声とは意味合いがちがう。こちらのほうは、言葉のあやを用いて相手を攻撃しているだけの話である。

昔からどこの国でも、政治家や軍人というのは、戦争、内乱、国家危機、革命にさいして、人を死なせなければならない立場にある。だからといって、誰も彼らを犯罪者とは呼ばない。むろん国民のほうも、自分たちの支配者がやむをえずそのような手段に踏みきったのか、それとも陰謀をめぐらして殺害させたのか、そのあたりはうまくかぎわけている。

たとえ政治家として有能でも、「暴君」のレッテルをはられると、汚名はたえずつきまとう。たとえばスターリンがそうだ。ヒトラーもなみいる暴君の一人だったが、ドイツの歴史では例外の部類に属する。ロシアやフランスとくらべて、ヒトラー以前のドイツには暴君はめったにいなかった。だがいまはそんな話をしているのではない。ヒトラーは支配者としてだけでなく、征服者としても残虐だった。

ヒトラーに特徴的なのは、国策上なんの意味も口実もないのに、想像を絶する大量の人間を殺したことである。それどころかときとして、自分がめざす政治的、軍事的利益をそこねてまでも、この男は大量虐殺をやらかした。

たとえば、対ロシア戦争などは、たしかに軍事的には勝ち目はなかったが、政治的にうまく立ちまわっていれば（たとえば侵略者としてではなく、スターリンの圧政からロシアを救う解放者としてかの地に乗りこんでいれば）、ひょっとして勝利を得られたかもしれない。だがこの男の場合、権謀術数の才がありながら、殺害への欲求のほうが強かったのである。

ヒトラーの大量虐殺は、戦争中おこなわれた。だがそれは戦闘行為ではなかった。彼は戦争を口実にして、戦争とはなんの関係もなく、ただかねてより彼個人が望んでいたというだけの理屈で、大量殺人をおかしたのである。

「戦場で優秀な人間が死んでゆくあいだ、国内でできることといえば、せいぜい害虫を退治するくらいのことだ」と彼は『わが闘争』のなかで書いている。ヒトラーにとって人間を殺すことは、害虫退治とかわらなかったのだ。国内の害虫退治と国外の戦争に関連があるとすれば、それはただ、戦争で国民の目が外にむけられているかぎり、大量殺人をしても目立たないというほどの意味しかなかった。いずれにせよ、ヒトラーにとって害虫＝人間を撲滅することは、それ自体が目的であり、なにかに勝利するための手段でもなければ、敗北をまぬがれるために講ずる措置でもなかったのである。

それどころかこうした大量虐殺は、戦争遂行の妨げになった。何個師団にも相当する何千人のSS（ナチス親衛隊）隊員が、何年も大量虐殺に従事したために、前線に兵隊が足らなくなったのである。そして来る日も来る日も貨物列車が、ヨーロッパ大陸を抜けて大量の人間を絶滅収容所に輸送したために、前線兵士に補給物資がまわらなくなった。

それに加えて、このような大量虐殺は、もはや勝ち目がなくなってからおこなわれただけに、なおのこと和解によるいかなる戦争終結をも不可能にした。ヒトラーが大量虐殺をおこなっていることは、まずイギリス、アメリカなど西側首脳に、その後ロシアにも伝わった。こうした事実が伝わるにつれて、連合国首脳は、もはやヒトラーと外交交渉をおこなっても無駄であり、戦争を有意義なかたちで終結させるには、ヒトラーを裁判にかけて処罰するしかないと確信するようになったのである。「このような犯罪の責任者たちを裁くこと」が戦争目的とされ、一九四二年一月に西側連合国がこれを宣言し、一九四三年十一月にはソ連もこれにならった。そしてさらなる戦争目的として、ドイツの無条件降伏が掲げられた。

一九四二年から四五年のあいだに、世界中で次のような認識が呼びさまされた。ヒトラーの大量虐殺は、たんなる「戦争犯罪」ではない、これは犯罪そのものである。文明の破局をもたらした前古未曾有の犯罪であり、通常の「戦争犯罪」が終わったところからはじまるものであると。だが残念なことに、このような認識は、その後おこなわれた「ニュルンベルク戦犯裁判」によって、ふたたびあいまいにされてしまったのである。いま思い出しても胸糞の悪くなる、いまわしい裁判だ。

ニュルンベルク裁判の矛盾

戦勝国によるこの裁判は欠陥だらけだった。まず被告席に主《あるじ》がいなかった。いかなる地上の裁きからものがれていたのである。判決はアド・ホック法（特別臨時法）にもとづいて下されたが、これは過去にさかのぼって効力を及ぼす法律だった。

だがとくにまずかったのは、ヒトラーがおかした本来の犯罪、すなわちポーランド人、ロシア人、ユダヤ人、ジプシー、そして病人をオートメーション式に大量虐殺したことが、ほんの副次的な起訴事項として、強制労働や強制輸送と同列に、ただ「人道にたいする罪」として十把ひとからげに扱われてしまったことである。

これにたいして主要起訴事項は「平和にたいする罪」、ようするに戦争自体が犯罪であるとするもので、文字どおり「戦争犯罪」と呼ばれた。そのさい戦争犯罪というのは、「交戦法規および戦時慣習の侵害」と定義されていた。

もちろんそのような侵害は、程度の差こそあれ、敵味方どちらの側にもあった。戦勝国といえども、戦争をしていたことに変わりはないからである。そのかぎりにおいては、裁判といったところで、しょせん罪人が罪人を裁いただけのことであり、実際に被告が有罪判決を受けたのは、ただ戦争に負けたというだけの理由からであった（イギリスのモンゴメリー元帥は裁判のあとこのような考えを公の場で述べた）。

ニュルンベルク裁判は多くの混乱を引き起こした。本来深く反省して、恥じ入らなければならないはずのドイツ人の心のなかに、差し引きゼロにしようという気持ちが呼び起こされたのである。ニュルンベルク以後ドイツ人は、非難されるたびに、待ちかまえていたように「で、おまえたちこそどうなんだ」と切り返す習性が身についてしまったのだ。

戦勝国、とりわけ西側戦勝国のあいだに、二日酔いのような気分が充満した。なかでもイギリス人の後悔の念は強く、しまいにはヒトラー擁護論までとびだすしまつだった。今日私たちは、かつて人びとの血を凍らせたヒトラーの犯罪を、雑然と積みあげられた戦争のゴミの山から、真に彼の犯罪であるか否かを分別しながら、拾いださなくてはならないのである。まずヒトラーがおかした悪業のなかで、戦争犯罪に数えられないものを見つけだすことからはじめなければならない。読者のなかには、そんなことは無駄な骨折りだという人がいるかもしれないが、それはちがう。

まず「平和にたいする罪」からはじめよう。ニュルンベルク裁判では、戦争そのものが犯罪であると規定された。これははじめてのことであり、これ以後このような規定がなされたことは一度もない。当時は、「平和にたいする罪」こそは、すべての起訴事項のなかでもっとも重要な起訴事項であると主張する声が強く、いかなる戦争であろうと、戦争そのものを犯罪として糾弾することが人類にとって画期的な進歩であるとこれを歓迎したのである。

今日このような声は、ほとんど聞かれない。戦争と殺人を、ゴロあわせかなにかのようにたやすく同一視するのは、左右異なる靴をはくようなものだ。このこと（戦争と殺人を同一視すること）はほかでもない、ヒトラーに顕著にあらわれている。

たしかに二十世紀になってから、人びとの戦争にたいする考え方は、すくなくとも西側の国々においては、すっかり変わってしまった。昔は戦争が賛美されたものだ。まだ第一次世界大戦までは、兵士たちは（むろんドイツ人も含めて）みな歓喜に胸を躍らせながら戦場におもむいた。

そんな時代は終わってしまった。第二次世界大戦を人びとは（むろんドイツ人も例外ではない）不幸なできごと、未曾有の災難と受けとめた。その後大量破壊兵器が発達して、戦争にたいする一般市民の不安と恐怖はますます強まった。だがそれでも、戦争を廃止するにはいたらなかった。戦争を廃止する道は、いまだに見つからないのである。ニュルンベルク裁判のように、戦争を犯罪であるとうたったところで、どうやら戦争はなくならないようだ。

このことは、それ以後なされた、あるいはいまなお続いている数多くの戦争が証明している。ニュルンベルク裁判で戦争は犯罪だと糾弾した当の列強諸国が、年々ますます莫大な軍事費を費やして、新兵器の開発にしのぎをけずっている。このことからしても、戦争有罪論が空念仏であるのはあきらかである。どうにもできないのである。戦争はいつでも起こりうる、事情によっては避けられないこともあるのだということを、どの国もよく知っているのだ。

第二次世界大戦を戦った列強のほとんどが、すでに大戦前からケロッグ＝ブリアン協定に調印して、戦争放棄をおごそかに誓い合っていた。そして一九四五年以後は、国連憲章からヘルシンキ宣言にいたるまで、国際協定にはかならず戦争放棄が盛りこまれている。だがどの国の政府も、それが空念仏であることは百も承知で、それ相応の軍備強化につとめている。だからといって、そうした国々の政府を犯罪者集団呼ばわりする者は一人もいないだろう。いやでも避けられないことを、犯罪だといって糾弾したところではじまらない。戦争を犯罪とするなら、排便も犯罪になってしまうだろう。

ようするに、ヒトラー以前の歴史を見ても、ヒトラー以後の歴史を見ても、戦争というものが、国家システムから排除できないことは一目瞭然である。それは人間の生理現象から、排便が除外できないのとおなじである。

なぜそうなのかは、すこし考えれば誰でもわかる。戦争というのは、国家と国家のあいだで戦われる。いまのところ人間世界においては、国家というものが最高の権力機関、最高の暴力機関であるから、そのかぎりにおいて、戦争は国家システムの一環である。国家が暴力を独占することはどうしても必要だ。なぜなら、国内における市民グループ間の紛争や階級間の闘争を暴力なしで収拾するには、国家が暴力を独占していなければならないからである。

だが同時に、国家が暴力を独占している以上、国家自体が他の国家と争いを起こし、それが先鋭化した場合、どうしても戦争によってしか決着がつかないことがありうる。戦争以外の解決方法があるとすれば、そのためには国家を超えた権力機関がなくてはならない。それは地球全体を支配する、世界国家のようなものでしかありえない。連邦国家が諸州を統治するように、世界の国々を従わせるのである。

このような世界国家をつくることは、昔から世界支配を夢見る偉大なる征服者たちの理想とするところだった。だが、このような野望がかなえられたことは、これまで一度もない。この世界が数多くの独立国家からできている以上、シラーの一節はいまなお健在である。

《戦争はおそろしい、それは天が下す災いのようなものだ
だがそれもよし、これもひとつの定めだ》
シラーの悲劇『ワレンシュタイン』より

ニュルンベルク裁判のように、戦争そのものを犯罪にしてしまうと、戦争はよりおそろしいものになる。なぜなら、そうなると戦争はたんなる勝ち負けの争いではなく、勝者が敗者を裁いて死刑判決を下す場所になってしまうからである。

ヒトラーの罪は「戦争犯罪」ではない

ひょっとして、こんな異論をさしはさむ人がいるかもしれない。ニュルンベルク裁判では、どの戦争も一律に犯罪の烙印が押されたわけではない、断罪されたのは侵略戦争と征服戦争だけだと。

ヒトラーがそのような侵略戦争あるいは征服戦争を（すくなくとも東部で）おこなったことは事実である。ただ第一次世界大戦のときとちがい、第二次世界大戦では、戦争の罪を問われることはほとんどなかった。あの戦争はヒトラーが計画し、望み、そして遂行した。直近の目標はドイツがヨーロッパに覇権を唱えることであり、遠い

目標は世界支配であった。

だがこれを軽々しく、犯罪と呼ぶことはできない。とくに、「このハイテク時代に、戦争などできるわけがないのだから、戦争は廃止しなくてはならない」と考える人はなおのこと、ヒトラーの戦争を犯罪などと軽々しくいうことはできない。

ようするに、世界がたくさんの独立国家から成り立っている以上、戦争は不可避である。だがその一方でハイテク時代の今日、戦争は人類の存続をおびやかしつつあることも事実だ。だとすれば、いまの人類が置かれた状況を考えると、すべての戦争を終結させるための戦争というのが必要になる。

戦争が国家のしくみに組みこまれている以上、これを廃止する唯一の方法は、国家を超越した世界国家しかないだろう。そして世界国家をつくるには、世界征服戦争をやって、これをうまくおさめる以外に方法はない。これ以外に方法がないことは、世界の歴史を見ればあきらかである。

ジュネーブの国際連盟、ニューヨークの国際連合のようなしくみをつくったところで、戦争が廃絶できないことは誰もが承知だ。これまでいちばん長く安定した平和が保たれたのは、紀元後四百年続いた「ローマの平和」であったが、これは苦難に満ちた一連の征服戦争によって確立されたものだった。戦争と平和は、ローマ帝国の裏と表だったのである。

卑近な例をあげよう。まだドイツが統一されていなかったころ。幾世紀にもわたって、小国家どうしが戦争を繰り返していた。なかには三十年戦争のような、国土を荒廃させたすさまじい殺し合いもあったが、やがてビスマルクがドイツを統一した。だがこれも戦争によってである。

そして第二次世界大戦はどうだったろう。これも戦勝大国ロシア、アメリカにとっては、望む望まざるにかかわらず、結局のところ征服戦争であり、帝国建設のための戦争だったのではないか。北大西洋条約機構もワルシャワ条約機構も、ようするにそれぞれアメリカ帝国、ロシア帝国による支配システムではないか。第二次世界大戦に続く冷戦にしたところで、やはりねらいは世界支配であり、核の手づまりによって息の根をとめられるまでに、なんとか決着をつけようとしたにすぎない。

そして第二次世界大戦の結果生じた、ロシアとアメリカの支配地域こそは、今日安定した平和が保たれている唯一の場所であると認めざるをえないのではないか。

皮肉に聞こえるかもしれないが、紙くず同然の戦争放棄宣言を何万枚積みあげるよりも、征服戦争に勝利をおさめて世界帝国を建設したほうが、はるかに平和への貢献が大きかったのである。できることならヒトラーも、こうした偉大な帝国建設者の列に連なりたかっただろう。

ようするにヒトラーの犯罪は、彼がロシアやアメリカとおなじように世界支配を企てたことにあるのではない。またアメリカやロシアがうまくやりとげたことを、彼が試みて失敗したことにあるのでもない。

さらに、交戦法規や戦時慣習の侵害、すなわちニュルンベルク裁判の名を世界に知らしめたいわゆる「戦争犯罪」も、とくにヒトラーだけがおかした犯罪ではない。

ここでまず注意しておかなければならないのは、戦争それ自体を犯罪とする考え方と、交戦法規や戦時慣習の侵害を戦争犯罪とする考え方とはあきらかに矛盾するということだ。もし戦争自体が犯罪だとするなら、交戦法規や戦時慣習も犯罪の一部ということになり、これでは論理が成り立たない（つまり交戦法規・戦時慣習＝犯罪とするなら、交戦法規・戦時慣習の侵害は犯罪の侵害ということになり論理破綻するからである）。

戦争が犯罪ではなく、やむをえないしきたりとして、国際社会で基本的に受け入れられていることはまぎれもない事実なのである。交戦法規も戦時慣習も、こうしたことを踏まえたうえで定められている。つまり交戦法規や戦時慣習は（カール・シュミットののんきな定義づけに従えば）、「戦争を保護育成する」ためのものなのである。ようするに、一般市民を戦火から守るために、規則ととりきめをもうけて、戦争を限定し、いくらかでも容認できるものにしようとつとめているのである。

ところで、こうした交戦法規や戦時慣習は、万国共通にいきわたっているわけではない。たとえば戦時捕虜の生命を守るとするジュネーブ条約は、すべての国家から批准されているわけではない。また一般市民への侵害を禁止しているハーグ陸戦規定にしても、航空戦規定には適用されない。つまり住宅地域への爆撃は、交戦法規・戦時慣習に違反したことにならないのである。

さらに重要なのは、交戦法規や戦時慣習にたいする違反行為は、どんな戦争でも、敵味方の別なく起こるのであり、したがって国際的制裁を受けることはないということである。そしてそれにはちゃんとした理由がある。つまり違反行為は、戦争中でさえも、味方の上官や軍法会議によって、きびしさはまちまちだが、罰せられ、ときには厳罰に処せられる。略奪、虐殺、強姦などを見過ごせば、軍紀が乱れ、戦意を低下させるからである。

だが戦争が終われば、こうした戦争犯罪は敵味方に関係なく、たいがい黙ってお目こぼししてもらえるものなのだ。それをとがめだてするのは、なにかにつけ法律をもちだす堅苦しい人間のやることである。殺人が日常化している非常事態においては、戦争の残虐行為も、これをやむをえない付随現象とみなし、戦争が終わればなるべく早く水に流す、これが大人の知恵というものだ。

第二次世界大戦後、このような大人の知恵は忘れられてしまった。これは戦勝国がおかした失敗だった。当然のことながら、逸脱行為は戦勝国の側にもあったのだから、敗戦国だけを責めて、敗者の側に不公平感を呼び起こしたのはまずかった。

それだけではない。ヒトラーがおかした犯罪と、ふつうの戦争犯罪とをいっしょくたにしてしまったために、ヒトラーがおかした犯罪の特殊性がぼやけてしまったのである。ヒトラーがやった大量虐殺は、戦争犯罪、つまり戦場における残虐行為とは本質的に異なるものだ。

戦争犯罪などというやわな枠でひっくくれるようなたまではないのである。戦闘の興奮と衝動から捕虜を虐殺したり、空中戦のさなか一般市民の居住地域に爆撃してしまったり、潜水艦が客船や中立国の船を沈めてしまったり、こうしたことはみな戦争犯罪である。

たしかにおそろしい行為であるが、戦争が終われば、双方合意のうえで忘れられてしまうものだ。だが大量虐殺、集団グループ全体の計画的絶滅、人間にたいする「害虫退治」、これはただの戦争犯罪とは本質的に別のものだ。

ヒトラーの犯罪リスト

ヒトラーがおかしたこうした犯罪を検証してみよう。ただし、残虐行為の詳細ははぶくことにする。他の本にいやというほど書いてある。たとえばラインハルト・ヘンキースの『ナチスによる残虐犯罪』には実態が克明に記録されている。ここでは事実内容を、順を追って簡潔に押さえておくことにする。

1 社会的弱者の根絶

戦争が勃発した一九三九年九月一日、ヒトラーはドイツ国内の病人を大量殺害せよと文書命令を出した。この命令にもとづき、それから二年のあいだに約十万人のドイツ人が、「役立たずのごくつぶし」として職務権限で殺害された。

そのうちわけは、療養所および養護施設の患者七万~八万人、選別されて強制収容所に送られた病人および身体障害者一万~二万人、精神病院に入院しているすべてのユダヤ人、三歳から十三歳までの特殊学校生徒および養護施設園児約三千人である。殺害は一九四一年八月に停止された。その理由は、住民のあいだに不安がひろがり、キリスト教界から抗議があがったこと、そして(これが主な理由だったが)それまで病人根絶にあたっていた組織(偽称T4)が、ヒトラーの命令でそれ以後ユダヤ人根絶にかりだされたからだった。以後病人根絶が再開されることはなかった。

2 ジプシー根絶

おなじく一九三九年九月から、ドイツ国内でジプシー根絶運動がはじまった。まず彼らはいっせいにとらえられ、強制収容所にとどめられた。それから二つのグループに分けられ、一九四一年と四三年に絶滅収容所に送られた。一九四一年からは東ヨーロッパのドイツ軍占領地においても、ジプシーの根絶が計画的に実行され、それと並行して、その地域に住むユダヤ人も大量に殺害された。

こうした大量虐殺は、あとになってもその実態はほとんど解明されることがなかった。それはおそらく、大量虐殺がひろく知れわたることなく、ひそかに実行されたためだろう。それがおこなわれていたころ、人びとは口をつぐみ、ときを経た今日もなお、それがおこなわれたということの他は、なにも語られない。記録はほとんど残っていない。

殺害された人の数は、五十万と推定されている。一九三九年の時点でドイツに生活していたおよそ二万五千人のジプシーのうち、一九四五年まで生き延びたのは、わずか五千人ほどだった。

3　ポーランド指導層・教養層の根絶

戦争が勃発して約一カ月たった一九三九年十月、ポーランドでの戦闘行動を終えると、ヒトラーは大量虐殺の第三弾を放った。ポーランドの知識人、指導層がその犠牲となり殺害は五年にわたって続けられた。このときは文書による命令ではなく口頭による命令だった（先に述べた病人根絶命令が、この種の命令では最後の文書命令だった）。

だがこの命令も、文書命令とおなじく、証拠が残っており、文書同様厳格に実行された。たとえば、親衛隊大将ハイドリヒは一九四〇年七月二日付の報告のなかで、総統の命令は常軌を逸した過激なものであると述べ、その一例として、ポーランド指導層への粛清命令をあげ、その数が数千にのぼったと伝えている。

なおこの報告のなかでハイドリヒは、ドイツのポーランド占領政策が残虐きわまりないものであると、ドイツ国防軍から非難があがっていることを指摘している。またドイツ占領下ポーランド地区総督のフランクは、一九四〇年五月三十日、ヒトラーが口頭でおこなった注意をこう記している。「ポーランドの指導層は、身元を確認したうえで、これを粛清すること。その後継者たちも、身柄を確保して、しかるべきころあいに抹殺すること」

ヒトラーの命令により、五年のあいだにユダヤ人だけでなく、非ユダヤ系のポーランド人までもが人権を奪われ、徹底的に弾圧された。そして神父、教師、大学教授、ジャーナリスト、企業経営者といった教養ある市民が、計画的絶滅キャンペーンの犠牲となった。この教養層根絶のねらいは、一九四〇年五月付のヒムラー覚え書きから読みとることができる（ヒムラーはヒトラーの右腕であり、大量虐殺に関してはまさに総統の代弁者だった)。

「ドイツ人以外の東部住民には、四年制の国民学校以上の教育は不要である。国民学校の生徒は、五百まで数が数えられて、自分の名前が書ければそれでよい。そしてドイツ人を敬い、ウソをつかず、ドイツ人のために身を粉にして働き、勇敢に戦うことが神の掟であることを徹底的に教えこむことが肝要だ。字など読めなくてかまわない。東部では国民学校以外の学校は不要である……。このような政策を徹底的に推し進めていけば、総督管区の住民は十年ののちには、劣等な人間だけが残ることになるだろう。こうした人間たちは、よるべなき使役の民として自由にこき使うことができる。ドイツに毎年出稼ぎにこさせてもいいし、道路建設、採石、建築などの重労働に従事させることもできる」

このようにして古き文明の民から文明を奪ってしまうことは、もちろんそれ自体犯罪であったが、それだけでなく、この文明剝奪政策にはポーランドの教養層を大量虐殺することも含まれていた。いったいどれだけのポーランド人知識層が、この計画的大量虐殺の犠牲になったか、その正確な数を知ることは、ユダヤ人犠牲者の数を知るよりも困難である。

公式発表によると、ポーランドでは六年におよぶ戦争のあいだに、およそ六百万の人間が死亡した。そのうち約三百万人がユダヤ人だった。戦死したポーランド人は三十万弱、難民と化して衰弱死した者、自然死した者はおよそ七十万。残りは二百万。その半数以上が、指導層にたいする計画的大量虐殺の犠牲になったと推定される。あとの半分は、ゲリラ戦にたいする報復措置、情け容赦なくおこなわれた大量移動、そして占領軍による一般市民への脅迫テロ、こういった残虐行為の犠牲になった。

4　ロシアでの捕虜虐待と大量殺戮

ドイツ軍は二年から三年のあいだ、ロシアを広範囲にわたって占領したが、この間、ロシア人住民にたいしておこなった政策は、いま述べた対ポーランド政策とまったくおなじものだった。つまりロシア人指導層を根絶し、ロシア国民の人権を剝奪して隷属化するのがねらいだった。

ヒトラーははじめポーランドにたいして、ハンガリー、ルーマニア、スロヴァキア、ブルガリアとおなじように属国化して、寛大な政策を推し進めるつもりでいた。ところがポーランドがこれを拒絶したので、ヒトラーは報復としてだけでなく、対ロシア政策の予備演習のつもりで、ポーランドを根絶化・隷属化実施のための処刑場にしてしまったのである。だが、対ロシア政策と対ポーランド政策には二つのちがいがあり、対ロシア政策のほうはさらに過酷を極めた。

第一に、ロシアの上層部は（実際そうであったか、ドイツ側の思いこみであったかは別にして)、みな共産主義者と見なされたから、根絶計画を遂行する場合に良心の呵責やためらいがなくてすんだ(これにたいしてポーランドの指導層はたいがい保守的なカトリック教徒だった)。第二に、ポーランドのときとちがって、ロシアでおかした犯罪には(自発的か不承不承かは別にして)ドイツ国防軍もこれに加担していた。

ポーランドでは、すでに対ロシア戦一年目の冬に、東部方面総司令官のブラスコヴィッツ上級大将が、「ドイツ戦線の後方では野蛮で病的な残虐行為が猛威をふるっている」と驚愕をあらわにし異議を申し立てたほどだった(これによりブラスコヴィッツは解任された)。さらにハイドリヒは、先に紹介した一九四〇年七月二日付の報告でこう指摘していた。「総統の命令は常軌を逸した過激なものだったので、当然のことながら全司令部に伝えるわけにはいかなかった。その結果、外目には、警察と親衛隊が独断で残虐な行為をおこなったように映ったのである」

ヒトラーにすれば、ロシアでは国防軍にも手を汚してもらうつもりだった。ロシア攻撃を数カ月後にひかえた一九四一年三月三十日、ヒトラーは高級将校を集めて、ずばり本音を打ち明けた。「軍人どうしの同業者意識などは捨てなければならない。共産主義者がわれわれの仲間だったことはかつて一度もなかったし、これからもない。絶滅戦争をやるのだ。容赦するな。将来のためには、東部では過酷すぎるくらいがちょうどいいのだ」

国防軍の将軍たちがどの程度ヒトラーの注意を守ったか、とくに悪名高い「ソ連共産党政治委員の捕虜は皆殺しにせよ」というヒトラーの命令がどの程度守られたのか、これについてはいまなおたしかなことはわからない。

だがドイツ軍の手に落ちたロシア兵捕虜に、どのような運命が待ち受けていたかはいうまでもなかった。一九四四年五月一日付国防軍最高司令部総務課のリストによれば、これまでに五百十六万のロシア人が捕虜となり、その大半は一九四一年の緒戦でとらえられた者たちだった。このときまで（一九四四年五月一日まで）生き残っていたのは百八十七万一千人、四十七万三千人は処刑、六万七千人は脱走したと記されている。残る三百万人ほどは捕虜収容所で死亡、大半が餓死だった。のちに多くのドイツ人捕虜が、ロシアの捕虜収容所で生き延びることができなかったのも、しごく当然といわなければならない。

ここにおいて、水に流してしかるべき戦争犯罪と、ヒトラーがおかした大量虐殺との区別がぼやけてしまう。たしかに、数カ月間で捕虜にした人間たちを、長期間養うのはたいへんなことだったろう。それは察するにあまりある。だがそれだけではなぜこれだけ多くの人間が死んでしまったのか、その理由を説明することはできない。

ヒトラーが意図的に捕虜たちを収容所の檻のなかで飢え死にさせ、共食いさせていたことが、思いがけないところで、直接本人の口から洩れ出ている。ヒトラーは、スターリングラードで包囲された第六軍が戦線から離脱するのに反対したが、その理由を、一九四二年十二月十二日の「昼の戦況会議」でこう述べた。

兵隊が離脱したら大砲につながれた馬たちは飢えて衰弱し、大砲を引っ張ることもできなくなる。そうなれば馬も大砲も置き去りにされたままだ。そういってから、ヒトラーはこう付け足した。「もし置き去りにされたのが馬ではなくてロシア人だったならば、私はこういうだろう。ロシア人なら仲間を食ってでも生き延びるからかまわない。だが馬どうしを共食いさせるわけにはいかない、と」

ロシア人指導層の大量虐殺は、国防軍の仕事ではなく、四つの出動部隊の手にゆだねられた。これら出動部隊の隊員は戦線の後方で、初日から全力で、殺人稼業に精を出した。一九四二年四月までに、つまりほぼ四年にわたる戦争の最初の十カ月のうちに、出動部隊の北方A隊は二十五万人を「処刑」し、同中央B隊は七万人、同南方C隊は十五万人、そして同急進南方戦線D隊は九万人をそれぞれ「処刑」したと報告した。

その後の数字は残っておらず、また殺害されたのがユダヤ人なのか「ボリシェビキ」なのか区別がつかないので、ユダヤ人でないロシア人がどれだけ殺されたのか、正確な数字は推定できない。だがその数は、ポーランドでの殺害数よりすくないということはない。むしろ多いくらいだろう。ヒトラーがこのような大量虐殺によって、勝利のチャンスをたぐりよせるどころか、ますます好機を逃していったことはすでに述べた。

5　ユダヤ人の大量虐殺

誰もが知るように、ヒトラーがおこなった大量虐殺のなかで、もっともすさまじかったのがユダヤ人殺しだった。はじめは一九四一年なかばから、ポーランドとロシアのユダヤ人が殺され、それから一九四二年はじめからは、ドイツおよびドイツ支配下のヨーロッパ全域のユダヤ人が大量虐殺の犠牲になったのである。

この目的のために「西から東まで熊手でかき集めるようにして」ユダヤ人が連れてこられた。一九三九年一月三十日、ヒトラーは「ヨーロッパにおけるユダヤ人種の絶滅」をあらかじめ通告（訳注・政権獲得から六周年の記念国会で演説をおこなった）してから、事にとりかかった。虐殺は必死の努力でおこなわれたが最終目標には達しなかった。それでもヒトラーの命令で殺されたユダヤ人の数はすくなく見積もっても四百万人以上、もっとも多い見積もりで六百万人にのぼった。

一九四二年までは、大量射殺というやり方がとられた。犠牲者はあらかじめ自分が埋まる穴を掘っておき、その墓の前で射殺されたのである。その後絶滅収容所が、トレブリンカ、ゾビボル、マイダネク（ルブリン）、ベウゼッツ、ヘウムノ（クルムホフ）

そしてアウシュヴィッツの六カ所に建設され、その内部に設けられたガス室でガス殺がおこなわれた。ガス室の横には、巨大な火葬場が併設されていた。

ヒムラーが虐殺の「主犯」だったのか

最近イギリスの歴史家デヴィッド・アーヴィングが、ユダヤ人虐殺の責任はヒトラーにはないという見解を唱えた。アーヴィングによれば、あの大量虐殺はヒトラーの目のとどかないところで、親衛隊総司令ヒムラーが自分の責任でおこなったというのである。

アーヴィングの説を支持することはできない。まず根拠が希薄で、信憑性に欠けるのがその理由である。第三帝国の実態からして、あれほど大がかりなことをヒトラーの知らないところで、しかもヒトラーの意に反しておこなうのはとうてい不可能である。

戦争勃発に先だって、「ユダヤ人種の絶滅」を通告していたのは、ほかでもないヒトラー自身だった。そしてなにより、ヒトラーが命令者であり、ヒムラーはその実行者であったことは、本人たちがはっきり証言しているのである。

ヒトラーは、一九四二年（この年は「ユダヤ人問題の最終解決」の一年目にあたる）

に公の場ですくなくとも五回、すなわち一月一日、一月三十日、二月二十四日、九月三十日、十一月八日の五回、事前通告どおりに事を実行したことを自慢している。最後に発言したときの内容をそのまま引用しよう。

「諸君はまだあの会議のことをおぼえているだろう。その席で私はこう述べたはずだ。ユダヤ人がヨーロッパ人種を根絶するために国際戦争を引き起こそうというのなら、その結果根絶されるのはヨーロッパ人種ではなく、ユダヤ人のほうだ。私はいつも預言者呼ばわりされ、笑いものにされてきた。あのとき笑った者のなかで、いまも笑っている者はそう多くはあるまい。いまでも笑っている者は、近い将来笑わなくなるだろう」

ヒムラーも、ユダヤ人根絶にかかわったことを何度となく述べている。だがその口調は、ひけらかすようなものではなく、むしろみずからをなぐさめるようなしんみりしたトーンである。たとえば一九四四年五月五日。「自分にあたえられた至上命令を遂行するのがどんなにつらいことだったか、わかってもらえるだろうか。それでも私はいわれたとおり確信をもって命令に従い、実行したのである」

あるいは一九四四年六月二十一日。「あれは一組織に課せられたもっともおそろしい使命、もっともおそろしい任務だった。その任務とは、ユダヤ人問題の解決である」。ヒムラーに「任務」や「至上命令」を課すことができたのは、ヒトラーをおいて他に誰もいなかった。

これだけで証拠は十分だろうが、念のためゲッベルスの一九四二年三月二十七日付の日記をひきあいに出しておこう。このなかでゲッベルスは、「あまり人目につかない手続き」とことわったうえで、一九四二年のはじめ以来、ルブリンでガス室が設置されていると報告している。「この地でかなり野蛮な、そして詳細を書くのがはばかられる手続きがとられている。ユダヤ人は残りすくなくなっている。ここでも総統はみずから先頭を切って、断固として過激な解決策を唱えている」

アーヴィングがよりどころとする唯一の証拠は、一九四一年十一月三十日ヒムラーがヒトラーと電話を交わしたのちに記したメモである。「ベルリンからのユダヤ人輸送、処理はなし」。どうやらこの一件にかぎって、ヒトラーから例外措置が命じられたのだろう。つまりこの文面からわかることは、「処理（抹殺）」は通常はおこなわれていたこと、そればかりか、殺害にさいしてヒトラーが詳細に指示を出していたことである。

ではなぜこのとき処理はおこなわれなかったのか。その理由は簡単である。ベルリンからのユダヤ人輸送は時期尚早だったのである。ドイツのユダヤ人が殺される順番はまだだったのだ。一九四一年十一月の時点ではまだ、ポーランドやロシアのユダヤ人粛清で手いっぱいだった。

全ヨーロッパにおける「最終解決」にとりかかったのは、ようやく一九四二年一月二十日ヴァンゼー会議においてであった。規律が定められたのはそれからだ。ガス室や火葬場もまだできていなかった。一九四二年になってようやく運転しだしたのである。

「支配民族」になれなかったドイツ人

だがアーヴィングがひきあいに出したエピソードから、奇妙なことが二つ明るみに出た。すこしくわしくながめてみよう。ひとつは、ユダヤ人の大量虐殺をドイツの世論はどう見たのかということ。もうひとつは、ヒトラーは彼がおかした最大規模の犯罪、すなわちユダヤ人の大量虐殺をいつどのように計画したのかということである。

すでに述べたように、ヒトラーは一九四二年の一年のあいだに五回、自分がおかした犯罪行為を公の場で自慢している。だがその場合の言いまわしは、ごくありふれた表現にとどめている。詳細についてドイツ国内ではできるだけ秘密にしておいたのである。それはどうやら、国民からの賛同が期待できなかったからのようだ。それどころか無用な不安をあおり、下手をすると抵抗まで引き起こしかねなかった。げんに「慈悲の一刺し計画」は邪魔されて実行できなかった。

ヒトラーは戦争前、ユダヤ人へのあからさまな暴力行為にたいして、ドイツの大衆がどのような反応をしめすか、二度試してみた。一度目は一九三三年四月一日、突撃隊を使ってドイツ中のユダヤ人商店をボイコットさせた。二度目は一九三八年十一月九日と十日、このときも上からの命令で大規模なユダヤ人迫害をおこなったのである。この事件は今日「水晶の夜《クリスタル・ナハト》」として知られている。

結果はヒトラーの目から見て、二度とも失敗だった。ドイツの大衆は同調しなかったのである。逆にユダヤ人に同情する者、ナチスの破壊行動に腹をたてる者、恥じ入る者も多く見られた。

だが、それ以上の反応はなかった。あからさまな反抗はひとつもなかった。「水晶の夜」という言葉が、なぜかはわからないが、またたくまにひろまった。それは善良なドイツ市民が、一九三八年十一月の破壊行動を前にしたときの狼狽をあらわしていた。一方ではあざけりと拒絶があった。だがもう一方では恐怖の正体を見まいとして、すべてを粉々に砕けたガラス越しにぼかしてしまおうとする怯懦《きょうだ》がひそんでいた。

ヒトラーは、ドイツにおけるこの結果を重く見た。ユダヤ人には虐待を加えたが、ドイツ市民には気をくばって自由にふるまう余地を残した。見て見ぬふりをする者もいれば、半分怒ったふりをする者もいた。絶滅処置はドイツから遠く離れた、東ヨーロッパの僻地でおこなわれた。そこでなら住民の合意も期待できたし、戦争が勃発してからは殺人が日常化していたから事は簡単にはこんだ。

ドイツ人から見れば、ユダヤ人は表向き「移住させられた」だけのことだった。感づかれないためにヒトラーは、ドイツ国内のユダヤ人を可能なかぎり、すぐ直接絶滅収容所に輸送するようなことはせずに、まずはボヘミアのユダヤ人隔離地域テレジエンシュタットに送りこんだ。ユダヤ人はそこからしばらくのあいだ、ドイツの知人に手紙を書くことができた。だがやがてはアウシュヴィッツに連れ去られることに変わりはなかった。

むろんそこで起こっていることの多くは、ドイツにまで漏れ伝わっていた。だが知ろうと思わなければ知らないでいられたし、たとえ知っていても知らないふりをしていれば、世間ばかりか自分をもあざむけた。ようするに、ほとんどのドイツ人が見て見ぬふりをしたのである。

他のヨーロッパ諸国の人びともおなじだった。たいていは、ユダヤ人が「掃討されて」ゆくのを、知らぬふりをして見過ごしたのである。なにか反抗を企てようものなら、命の危険すらあった。おまけに戦争にもわずらわされていたから、人びとはみな、自分の心配だけで手いっぱいだったのである。個人がおかせる危険は、せいぜいユダヤの友人が潜伏するのを手助けする程度で、このくらいのことならドイツでもさほどめずらしくなかった。だがオランダやデンマークにくらべると、頻度はすくなかった。

ヒトラーの犯罪を阻止しようとするなら、反乱でも起こすしかなかっただろう。だが戦争と独裁体制という状況で、そんなことができただろうか。とはいえ、ヒトラーによる大量虐殺は、七月二十日の謀反人たちにクーデタ（訳注・一九四四年七月二十日のヒトラー暗殺未遂事件）を起こすきっかけをあたえたのであり、この一点でかろうじてドイツの名誉は救われたといえる。

首謀者の一人、シュヴェーリン・フォン・シュヴァーネンフェルト伯爵は、七月二十日事件の裁判にかけられ動機をたずねられた。「多くの虐殺がおこなわれたのをおぼえている」と彼は実態を暴露した。裁判長のフライスラーが制止を叫ぼうとしたほんの一瞬のすきをついてのことだった。

ナチスの行為を黙殺してしまったことへの非難は、これからもずっとドイツ人につきまとうだろう。だがこれは本書のテーマではない。私たちが問題にしているのはヒトラーである。

彼は自分がおかした最大の犯罪、つまり大量虐殺のことを国民に知らせなかった。それは彼が国民を信頼していなかったからだ。これは興味深いことだ。十年もかけてあれほど反ユダヤ主義の宣伝をしたにもかかわらず、ドイツ国民はユダヤ人の大量虐殺を支持しなかった。彼はドイツ人を、なにものもおそれぬ「支配民族」にしようと夢見たのに、国民はその期待に応えなかった。あてがはずれたのである。

なぜヒトラーが最後の数年間、ますます国民を軽蔑するようになり、彼らとの接触を避け、ドイツの運命に冷淡になり、ついにはドイツ民族を滅ぼしてしまおうと決意するにいたったのか、その理由の一端がかいま見えるような気がする。これについては最終章で述べる。

一九四一年十二月の「最終決断」

だがここでもう一度、アーヴィングが唱えるヒトラー免罪論に話を戻す。アーヴィングが根拠とするのは、一九四一年十一月三十日ヒトラーがヒムラーに電話で出した指令、すなわち、この日ベルリンからユダヤ人を輸送するが処理（抹殺）はするな、という指令である。

この十一月三十日という日付に注目したい。まずこの日は、モスクワ陥落目前にロシア側が攻勢に転じる五日前のことで、この攻勢でドイツ軍は敗北し、ヒトラーはもはや戦争には勝ち目がないと覚悟するにいたる。

次にこの十一月三十日という日は、ヒトラーがアメリカに宣戦布告する十日前であり、この宣戦布告によりドイツの全面敗北が決定的となる。さらにこの日は、ヴァンゼー会議の五十日前にあたり、この会議で「ユダヤ人問題の最終解決」が決定され、ドイツのみならず、全ヨーロッパのユダヤ人の大量虐殺が準備されるのである（それまで計画的なユダヤ人虐殺は、ポーランドとロシアにかぎられていて、しかも大量射殺という、手間のかかる殺害方法がとられていた）。

この三つの日付、すなわちロシア軍の攻勢（一九四一年十二月五日）、対米宣戦布告（一九四一年十二月十一日）、そしてヴァンゼー会議によるユダヤ人問題最終解決（一九四二年一月二十日）のあいだには、どうやら関係がありそうである。

ヒトラーとしては、一年前にフランスを破ったように、ロシアでも短期決戦で勝利をおさめることができれば、イギリスをなびかせることは十分に期待できた。ロシアが負ければ、イギリスはヨーロッパ大陸におけるたのみの綱を失うことになり、いやでもドイツと和平交渉をせざるをえなくなるからである。

ヒトラーとしては、イギリスと和平の見込みがあるうちは、イギリスとなじみのある国々で大量虐殺をやるわけにはいかなかった。ポーランドやロシアでなにをやろうが、すくなくとも戦争が続いているうちは、外の世界に漏れることはないだろう。だがフランス、オランダ、ベルギー、ルクセンブルク、デンマーク、ノルウェー、あるいはドイツ国内で大量虐殺をおこなえば、それはすぐイギリスに知れてしまう。そうなればヒトラーは大罪人となり、イギリスとの交渉はおしまいになってしまう。げんに結果的には、そうなってしまったわけで、西側連合国は一九四二年一月付で、新たな戦争目的として「大量虐殺の罪を裁く」ことを大義名分に掲げたのである。

別の言い方をすれば、ヒトラーはイギリスとの和解の望みを捨て、そしてそれによってアメリカ参戦を回避する望みも捨てることで、ようやく長年の宿願だった全ヨーロッパのユダヤ人絶滅にとりかかることができたのである。一方で望みを捨て、一方で宿願をかなえたのは、一九四一年十二月五日モスクワ陥落目前にロシアの攻勢がはじまり、勝利の夢が砕け散ったあとのことだった。

彼にとっては、非常なショックであったにちがいない。つい二カ月前までは、「ロシア軍はすでに地に伏している、二度と起きあがれないだろう」と公言してはばからなかったのだ。

ショックをかみしめながら、彼はただちにスイッチを切り替えた。「非情冷酷」に、「電光石火」のごとく。ロシアで勝つことができなければ、もはやイギリスと講和する見こみもない。ヒトラーはこのように結論づけ、ただちにアメリカに宣戦布告した。ルーズヴェルトから長いあいだ挑発されつづけてきただけに、溜飲がさがる思いだった。

そしていまや誰はばかることなく、「ユダヤ人問題の最終解決」を全ヨーロッパに指令することができた。アメリカに宣戦布告したとき以上の快感だった。犯罪が世間の目にどう映ろうと、これからはイギリスにもアメリカにも気をつかう必要はなかった。

むろんこれによってドイツの敗北は避けがたいものとなり、敗戦のあとに裁きが待っているのは明白であった。だがそんなことはもうどうでもよかった。前章で引用した十一月二十七日におけるデンマークおよびクロアチア外相との対話のなかで、彼はあけすけにこう表明していたのである。ドイツが勝てないのなら、滅びるがいい、私にはいささかの未練もない。

何度も述べたように、それまでヒトラーは二つの目的を追いかけていた。ドイツによる世界支配とユダヤ人の絶滅である。だがこの二つは、たがいにそぐわないちぐはぐな目的だった。

一九四一年十二月、彼はこれにたいしてあっさりと最終決断を下した。世界支配の夢はかなわぬと見てあきらめ、ユダヤ人絶滅の一事に専念することにしたのである。（十一月三十日の時点では、この決断を下すにはまだ数日早すぎた）さらに重大な決断が加わった。いかなる結果になろうとも、ドイツの全面的敗北とひきかえに、彼は長いあいだやりたくてうずうずしていた、ヨーロッパ全域でのユダヤ人絶滅をついに遂行することにしたのである。

前章で私たちは、なぜヒトラーがアメリカに宣戦布告したのか、その理由を政治的観点からさぐってはみたものの、どうにもわからなかった。だがいまようやくその謎が解けた。ようするにヒトラーは、一九四一年十二月をもって政治家であることをやめ、大量虐殺者に早変わりしたのである。

「政治とはもう縁を切った」の意味

ヒトラーが戦争の後半になって、すっかり行動力がにぶり無気力に陥ってしまったのを、私たちは前章で見て不思議な思いにとらわれた。またそれが、かつての政治洞察力の鋭さと決断力のきらめきに、あまりにそぐわないことに驚きを禁じえなかった。

だがなぜそうなったのか、いまようやくあきらかになった。かつてあれほど才能を発揮した政治にたいして、ヒトラーはもはやなんの関心もなかったのである。いま追いかけている目的は、政治とは無縁の事柄だった。

「政治か、政治とはもう縁を切ったんだ、うんざりだよ」。これはヒトラーが総統地下壕で、外相リッペントロップの連絡官ヘーヴェルにむけて発したひとことで、時期は終末に近い一九四五年春にあたる。だがこのとき彼が発した本音は、すでに一九四二年以来変わらぬものだったのであろう。一九四一年末をもって、ヒトラーは政治をやめ、それ以後はただ狂気の殺人にあけくれたのである。

それでもヒトラーは、事ここにいたってもなお軍事采配だけは、以前にもまして熱心にふるっていた。それは時間をかせいで、大量虐殺を遂行し、犠牲者を葬る場所を確保するためだった。そして一九四二年以降は、時間かせぎと虐殺場の確保に、戦術の主眼がむけられた。

ヒトラー以外の人物ならば、めざましい軍事的成功をうまく利用して和平交渉に結びつけようと努力したかもしれない。だがその軍事的成功も、一九四三年を過ぎるともう品切れとなり、ヒトラーも積極的に采配をふるうのをやめてしまっていた。

一九四二年夏のアフリカ戦線におけるロンメルや一九四三年春のウクライナ戦線におけるマンシュタインのように、局面を打開しようとした歴戦の猛将がいたのに、ヒトラーはこれを支援しなかったばかりか、反対に阻止するありさまだった。戦争に勝つことに、もう興味がなかったのである。

一九四一年から四二年の変わり目以降、彼はもう敗北はまちがいないと内心あきらめていた。そう思わせるふしはいくつもある。なかでも一九四二年十一月、ふと彼の口をついて出たあの有名なひとことは極めつきだ。「私はいつも十二時を五分過ぎてからでなければあきらめないことにしている」

これは最後まであきらめないという意味なのか、それとも、手遅れになってからあきらめるという意味なのか、どうとでもとれる発言である。ドイツ包囲網が刻一刻とせばまっていたにもかかわらず、総統地下壕にひきこもった彼は、テーブルトークでときおり自己満足なジョークを連発したり、それどころか場合によってはゆるぎない陽気さをふりまいていた。

なぜ彼はそんなに機嫌がよかったのか。それは次の一事に尽きるであろう。つまり連合軍が包囲網をせばめながら、焼け野原のドイツに近づくにつれ、彼が後生大事に掲げていた唯一の目的、すなわちユダヤ人絶滅の目的も、日々着々と実現にむかっていたからである。彼にはそれが愉快でならなかったのだろう。

三年ものあいだ、来る日も来る日もユダヤ人の家族が住まいや隠れ家を追われ、東方に輸送され、身ぐるみをはがれて絶滅工場にたたきこまれた。火葬場の煙突からは、昼夜をとわず煙が立ちのぼった。

それまで十一年間味わった成功のよろこびにひたることは、もはやできなかったが、それはこの男にとってつらいことではなかった。なぜなら、最後の三年間、今度は以前にもまして、殺人の快感に酔いしれることができたからだ。なにに気がねすることなく、犠牲者たちを手のひらにのせ、思うがままに処理すればよかったのである。

ヒトラーにとって最後の三年半の戦争は、〝駆けくらべ〟みたいなものだった。ただ勝ちたいとのみ彼は願った。どちらが先に駆けつくか。ヒトラーがユダヤ人絶滅をやりとげるのが先か、連合軍がドイツを打ちのめすのが先か。連合軍は目的を達するのに三年半を要した。一方ヒトラーも、自分の目的にむかっておそろしい勢いで突き進んでいた。

第7章

背信

ユダヤ人絶滅からドイツの完全破壊へ

ヒトラーがいちばん大きな罪をおかした民族が、いちばん大きなダメージを受けたわけではなかった。これは奇妙なことにほとんど注目されていないが、興味深い事実である。

ソ連はヒトラーによって千二百万の人間を失った（当人たちは二千万と主張している）。だがヒトラーによって強いられた苦難は、ソ連をかつてない超大国にのしあげた。

ポーランドで、ヒトラーは六百万、ユダヤ人を除けば三百万の人間を殺した。だがヒトラーと戦争したおかげで、ポーランドは戦争前とくらべて、地理的にひきしまった、民族的にまとまった国になった。

ヒトラーはユダヤ人を絶滅しようとした。そして彼の支配地域では、それがほとんど実現しかかっていた。だが四百万から六百万の人命を奪ったヒトラーの大量虐殺は、生き残った人びとに、火事場の馬鹿力を吹きこみ、これが国家建設を可能にした。じつに二千年ぶりに、ユダヤ人はヒトラーのおかげで、ふたたび国家をもつことができた。誇り高き、名誉に彩られた国家である。ヒトラーがいなかったら、イスラエルは生まれていなかった。

いま述べた国々（民族）より、客観的に見てもっと大きなダメージを受けたのがイギリスだった。ヒトラーはイギリスにたいしては戦争するつもりはまったくなく、手加減して攻撃していただけだったのだが、結果はイギリスにとって深刻だった。イギリスは、ヒトラーとの戦争で植民地を失い、世界帝国の座をすべり落ちた。フランスをはじめ他の西ヨーロッパ諸国も、ヒトラーによってイギリスとおなじく地位を失墜した。

だが客観的に見て、ヒトラーから最大のダメージを受けたのは、なんといってもドイツだった。ドイツ人もヒトラーにおそろしい数の人身御供をさしだした。七百万人以上である。これはユダヤ人やポーランド人よりも多い。これよりも多くの血を流したのは、ロシア人だけである。他の民族の死者数は、これら四民族にはとうてい及ばない。

だがソ連とポーランドが、おびただしい血の犠牲をはらって以前にもまして強国にのしあがり、イスラエルがユダヤ人の犠牲のうえに今日の繁栄を築いたのにたいして、ドイツ帝国は地図のうえから姿を消してしまった。

ドイツも、かつての西ヨーロッパ列強とおなじく、ヒトラーによって地位を失墜した。だがそれだけにとどまらなかった。ドイツは国土（ヒトラー的にいえば生存圏）の四分の一を失い、残りは二つに分断され、さらに相対立する権力ブロックに組みこまれて、ドイツ人どうしの理不尽な敵対関係を強いられたのである。片割れの大きいほう、つまり西ドイツのほうは今日どうにか繁栄をとり戻してはいるが、これはヒトラーの功績ではない。

ヒトラーは一九四五年、ドイツ全土に荒廃をもたらした。物理的な荒廃だけではない。これは忘れられがちだが、政治的荒廃もまた、ヒトラーの置き土産だった。ヒトラーがあとに残したのは、死骸、瓦礫、廃墟、家を失って飢えてさまよう何百万の人間たち、それだけではない。統治システムまでもが崩壊し、国家そのものが壊滅してしまったのである。人間の悲惨と国家の破滅、この二つを彼は戦争末期の数カ月のあいだに、意図的に呼びよせたのだ。

いやそれどころか、この男はもっと悪辣なことをたくらんだ。彼がドイツにたいして最後に仕組んだ計画は、民族の滅亡ということだった。遅くとも最終局面において、ヒトラーは重々承知のうえで、ドイツを裏切ったのである。

戦争末期のヒトラーをめぐって、ひとつの伝説がつくられた。いまの若い世代には理解しがたいだろうが、戦争を体験した世代ならば、そうかもしれないと思うだろう。それはけっして彼を英雄に仕立てるたいこもち的なものではないが、一九四五年ドイツに断末魔の苦しみをもたらした責任から、本人をすこしばかり救ってやるような伝説である。

それによれば、ヒトラーは戦争の最終局面ではすでに抜け殻と化し、重い病に苦しみ、廃人のごとく決断力も失せ、身のまわりで起こる破局をただぼんやりとながめるしかなかったというのである。

このようなヒトラー像は、一九四五年一月から四月までの、いまではおなじみの情景をもとに生みだされたものだ。状況把握能力は失せ、すでにこの世にない軍隊を地下壕から指揮し、おさえられない激怒の発作と無気力なあきらめとのあいだを行きつ戻りつしながら、ベルリンの瓦礫のなかで、最後の最後まで奇跡の勝利を夢見ていた。ようするに、彼は現実を認識することができず、心神喪失の状態に陥って、判断能力がなかったという話である。

こんなお涙ちょうだいのヒトラー像は、本質を見誤らせるものだ。たしかに一九四五年、ヒトラーの健康状態はいいとはいえなかった。すっかり老けこんで、五年間の戦争で神経は疲れきっていた（疲れきっていたのはチャーチルやルーズヴェルトもおなじだ）。そしてますますふさぎこむようになり、怒りを爆発させることもたび重なり、まわりをおどろかせた。

だが、こうしたことを暗黒の地獄でも見たかのように誇張して描き、神々のたそがれ気分にふけっていたのでは、真実を見誤ることになる。あの最後の数カ月、持ち前の決断力を発揮して意志を貫いてみせたのは、まさしくヒトラーその人だった。

意志が衰えて、発想が硬直化していたのは、むしろもっと以前の一九四三年のことだ。当時ゲッベルスは日記のなかで「総統は危機的状態にある」と心配して述べている。さらに一九四四年の前半の半年間も衰弱が見られる。

だが敗北を迎えたとき、ヒトラーはふたたび電流が通ったようにしゃきっとなる。いま彼の手はふるえているけれども、不意に獲物におそいかかって一気に仕留めてしまうそのすばやさは、なお健在だ。肉体的には疲弊のきわみに達しているにもかかわらず、一九四四年八月から四五年四月までのあいだ、ヒトラーは歯をきしませながら決定を下し、せっかちに体をゆらしながら動きまわる、そのさまは驚くべきものであり、見ようによっては感動的でさえある。

彼の決断はしだいに明確になり、ついにはひとつにしぼられ、思いがけない、いまだに信じられないただひとつの目標にたどりつく。ドイツを完全に破壊すること。はじめはなんだかよくわからないが、最後は誰の目にもあきらかだ。この最終局面でヒトラーがとった政治方針は、はっきり三段階に分けられる。

第一段階（一九四四年八月から十月）において、彼はすでに負けた戦争を打ち切らずに、最後まで戦うことを決めた。第二段階（一九四四年十一月から四五年一月）では、最後の攻勢をかけるべく西部戦線に打って出た。だが第三段階（一九四五年二月から四月）からは、一九四一年までの征服戦争および一九四二年から四四年のユダヤ人絶滅に注いだのと変わらぬ精力で、ドイツの完全破壊を進めたのである。

「十二時五分過ぎまで戦い抜く」

なぜ、どのようにしてヒトラーはこのような最終目標を定めるにいたったのか、それを知るためには、最後の九カ月間における彼の行動をさぐらねばならない。

一九四四年八月末の戦況は、一九一八年九月末のそれとよく似ていた。一九一八年当時、軍事独裁者だったルーデンドルフは、戦争を放棄して休戦を提案した。もはや敗北は避けられない、終わりは見えたというのが理由だった。だが実際にはまだ終わったわけでもなく、敗北が決定したわけでもなかった。まだ一人の敵兵も、ドイツの大地に足を踏み入れてはいなかったのだ。一九一八年のこの時点ならおそらく、一九四四年から四五年まで戦争をひきのばしたのとおなじく、翌年（一九一九年）まで戦いをずれこますことだってできたにちがいない。

こうした状況にあってルーデンドルフは、よく知られているように、「戦争は終わらせねばならない」と確信していた。そこで彼は休戦提案をおこない、政敵に政権をゆずり、休戦提案を認めさせ、戦争にかかわりのすくなかった者たちをドイツの代表に任命して、講和交渉にあたらせたのである。

のちにルーデンドルフは、みずからが任命した破産管財人たちを、「負けてもいない軍隊を背後から刺殺した」といって非難したが、これによって彼は、終戦の功績にみずから泥をぬってしまった。だが彼がおこなったこの休戦提案そのものは、責任ある愛国者の名にふさわしい勇断であり、それにより敗戦国ドイツは最悪の事態をまぬがれ、救うべきものは救われたのであった。

一九四四年八月二十二日のヒトラーは、一九一八年九月二十九日のルーデンドルフとまったく反対のことをやった。「雷作戦」なる指令を出して、ワイマール共和国時代の大臣、市長、国会議員、政党幹部、政府官僚をいっせいに逮捕、拘束したのである。

このなかには、のちに西ドイツ国家創設の立役者となる、コンラート・アデナウアーとクルト・シューマッハーも含まれていた。彼らこそは、戦後の再建を担うべき政治予備軍だった。ルーデンドルフの場合は敗戦が避けがたいことを知って、こうした人たちに国家の舵とりをまかせた。

ヒトラーはおなじ状況で、こうした人材を排除した。ヒトラーがとったこの行動は、むろん当時は公表されなかったが、奇妙なことにいまだに歴史研究でもほとんど取り沙汰されることがない。ヒトラーがとったこの政敵排除の行動は、どうしたわけか、七月二十日のクーデタ主謀者の追及と関連づけて扱われることがほとんどだが、両者にはなんの関係もない。

ヒトラーが下したこの政敵排除命令は、むしろ一九一八年のときのような戦争の早期終結を、事前に封ずるための措置だった。つまり彼は、たとえ勝てる見込みがなくても最後の最後まで戦いぬく、彼の言葉を借りれば「十二時五分すぎまで」戦いぬくと決意し、誰にも邪魔だてはされまいとしたのである。

この時点でこのような決断を下したこと（つまり講和を求めずに最後まで戦う決定をしたこと）については、いかようにも考えられる。歴史をながめると、敗北にさいしては、二つの考え方、二つの行動様式が見られる。

簡単にいえば、現実主義と英雄主義である。現実主義は、いまあるものをできうるかぎり救おうとする。英雄主義は、感動的な伝説を後世に残そうとする。どちらにもそれぞれ言い分がある。とりわけ後者の英雄主義の立場からすれば、この先なにが起こるかわからないからあきらめるな、敗戦を避けることができるかもしれないのだからあきらめる手はない、という言い分がなりたつ。

歴史をひもとくと、英雄主義を実証するかの有名なフリードリヒ大王の先例がとびこんでくる。一七六〇年のフリードリヒは、一九一八年のルーデンドルフ、一九四四年のヒトラーとおなじ状況に置かれていた。だが「ブランデンブルク家の奇跡」と呼ばれる思いがけない幸運にめぐまれて（つまりロシア女帝が死んで、フリードリヒを崇拝するピョートル三世が即位して）、絶体絶命の危機を脱したのだった。

もしフリードリヒが戦いをあきらめていたら、救済の好機がおとずれてもあとのまつりだったろう。もちろん歴史において奇跡が起こるのは例外であり、通常ではありえない。だから奇跡に賭けるのは、めったに当たらない宝くじを買うようなものだ。

フリードリヒの奇跡の話は、戦争末期ドイツ首脳部のプロパガンダでいやというほど使われたが、これがヒトラーの決断に一役買ったかどうかは疑わしい。やはり二十世紀の近代戦争と、十八世紀の専制君主の戦争とはちがうものなのだ。

むしろヒトラーの動機に決定的な影響をあたえたのは、一九一八年十一月革命の失敗例のほうだったのではないか。思いだしてもらいたい。一九一八年十一月は、青年ヒトラーにとって目覚めのときであった。負けていない戦争を早々とあきらめたことへの怒りこそは、一生忘れることのできない青春の痛恨事だった。

そして彼は、一九一八年のあやまちは二度と繰り返すまいと心に誓い、政治家になることを決断した。これがこの男の原点だ。そしていまとうとう、きたるべきときがやってきた。一九一八年十一月とそっくりおなじ状況が、目の前にあらわれたのである。そして今度こそは、あの「一九一八年十一月」を封じることが、いまの彼にはできたのだ。だから彼は、戦争を終わらせず、最後まで戦うことを決めたのである。

だがここで見落としてならないのは、すでにこの時点で、彼の胸のうちに「十一月の犯罪者たち」すなわちドイツ国民にたいする憎しみが、一九一八年当時とおなじように、いまふたたびはげしく燃えあがっていたことだ。『わが闘争』のなかでヒトラーは、あるイギリス人ジャーナリストが一九一八年以後のドイツを評して、「ドイツ人の三人に一人は裏切り者だった」といった言葉を引用し、いまいましいがそのとおりだと同意している。たとえほんとうのこととはいえ、ドイツは戦争に負けたといいふらし、自分だけは生き延びようとするドイツ人を見つけしだい、彼はかたっぱしからしばり首にし、あるいは首をはねた。

ヒトラーは大きな憎しみを抱えていた。そして人を殺すことに、内心大きなよろこびを感じていた。この男の胸に宿る憎しみの力、殺人への衝動は、これまでユダヤ人やポーランド人やロシア人にむけて猛威をふるっていたが、それがいまあからさまにドイツ国民にむけられたのである。

事態のいかんにかかわらず、ヒトラーは一九四四年の晩夏から初秋にかけて、いまいちど全盛期を思わせるような活力をみなぎらせ、渾身の力をふるってみせた。八月末の西部戦線には、もはや戦線といえるようなものはほとんどなく、東部でも、ヒトラーの言葉を借りれば「戦線どころか穴ぼこだらけ」の荒廃がひろがっていた。

十月末、東西両方の戦線でドイツ軍の砲門がふたたび火を噴き、連合軍の攻撃がとまった。ドイツ国内では国民突撃隊が編成され、十六歳から六十歳の男子が本土決戦にそなえて動員された。士気を高めるために、ヒトラーはとっておきの新兵器があるといううわさを、得意のプロパガンダを強化してふりまいた。

だが実際は、ドイツには新兵器などなく、一九四五年の時点で新兵器をもっていたのはアメリカだった。ヒトラーは本土決戦を決意し、そのために一九四四年の秋いま一度ドイツ軍に檄を飛ばしたが、もしも本土決戦が長びいて熾烈を極め多くの血が流れていたら、最初の原子爆弾は日本にではなく、ドイツに投下されていただろう。そう考えると、忸怩たる思いがする。

だがそうならなかったのは、ヒトラーのおかげだった。本土決戦のためにたくわえてきた兵力を、それがまだ結集しきらないうちに、無駄づかいしてしまったのである。一九四四年十一月、ヒトラーはいま一度打って出る決意を固めた。一九四四年十二月十六日、ドイツ軍はアルデンヌで最後の攻撃をかけたのである。

アルデンヌ攻勢の裏の目的

アルデンヌ攻勢は、第二次世界大戦における他のどの戦闘とも趣を異にするものなので、すこしばかり立ち入って述べることにする。この戦いは、たんなるエピソードで終わるものではなかった。というのも、この戦いで戦後の占領地域の境界線が決まったただけでなく、ひいては戦後ドイツの国境線が画定されたからである。そしてこの戦いをきっかけに、ヒトラーの主眼が自国にむけられるようになった。

アルデンヌ攻勢は、第二次世界大戦におけるどの作戦にもまして、ヒトラーのオリジナル作品だった。だが軍事的には、狂気の沙汰としかいいようのない無謀な企てだった。というのも当時の軍事技術からして、攻撃するには、すくなくとも敵の三倍以上の兵力がなくては成功は望めなかったからだ。

だが一九四四年十二月の、西部戦線におけるドイツ軍対連合軍の力関係は、欲目に見ても一対一がいいところで、おまけに連合軍は空軍力で圧倒的にまさっていた。猫が虎にとびかかるようなものだった。局地戦でいっとき優位をえたものの、かえってそのために東部の防衛ラインは壊滅寸前までやせ細ってしまったのである。

「このままではロシア軍が大挙して押しよせてきます」。参謀総長のグデーリアンがけんめいに諫言につとめたが、ヒトラーは頑として聞き入れなかった。ようするにいちかばちかの賭けに出たのである。西部での攻勢が頓挫すれば（力関係からしてその可能性は大だった）本土防衛のための兵力が使いつくされてしまう。と同時に、手薄になった東部にロシア軍が押しよせれば、その方面の防衛は破綻してしまう。この可能性も大だった。

両方の可能性が現実となった。アルデンヌ攻勢は失敗し、ロシア軍が攻めこんできた。クリスマス前の幾日かは、霧のために連合軍の空軍が地上にくぎづけにされ、そのおかげでドイツ軍は不十分ながらも、いくらか戦果をあげることができた。だがクリスマス週間にはいって空が晴れわたると、ドイツの戦車軍団は敵の空爆で次々に粉砕され、一月初めになるとその残骸が出撃基地の前にころがった。

一月十二日、ロシア軍が脆弱な東部戦線を蹴散らして、いっきにワイクセル河からオーデル河まで進撃してきた。これはみな予測できたことであり、グデーリアンが何度も必死でヒトラーを説得していたのだった。だがヒトラーは耳をかたむけようとしなかった。アルデンヌ攻勢は彼独自のアイデアで、それは最後から二番目の企てだった(最後の企てについてはこのあと述べる)。そして彼はこの作戦を遂行するのだと、頑強に主張したのである。

なぜ頑強に主張したのか。それはいまだに謎である。軍事的理由からではない。ヒトラーは軍事に関して、いまでもよくいわれるようなずぶの素人ではなかった。彼の軍事知識からすれば、このような作戦が失敗に帰することはよくわかっていたはずだ。たしかに、将校を集めて檄を飛ばし、士気を鼓舞してはいたが、これは見せかけであって、けっして成功を信じていたわけではない。

むしろ外交的な動機が考えられる。たとえ失敗してもかまわないから、いやむしろ失敗するからこそ、ひとつ西部戦線で攻勢をかけてみよう、とヒトラーは考えたのかもしれない。そのために東部戦線を手薄にして、東部ドイツをロシア軍の侵入にまかせれば、西側列強は、ははあ、ヒトラーのやつ、本命敵をロシアではなくわれわれ西側連合軍と定めて、ドイツ軍の残存兵力をすべて西部戦線に投入するつもりだなと思うであろう。

これによってヒトラーは、西側列強にナチス・ドイツとボリシェビキ・ドイツのどちらをとるのか二者択一を迫るつもりだったのではないか。スターリンとおれのどちらをとるのだ？　どうせおまえたち（西側列強）はスターリンではなくおれを選ぶだろう、と彼は思っていたようだ。

だがそれは思いちがいだった。一九四五年の時点で、ルーズヴェルトはスターリンといい仕事ができると確信していた。チャーチルのほうはそれほどお人好しではなかったが、それでもヒトラーとスターリンのどちらをとるか迫られれば、チャーチルもスターリンを優先しただろう。

それほどまでにヒトラーの西側での評判は、例の大量虐殺で丸つぶれだったのである。だがヒトラー本人は、それに気づいてはいなかったようだ。それが証拠に、腹心のヒムラーなどは、敗戦まぎわの四月になってもなお西側列強にたいして、あなたがたには降伏するから、東部戦線ではたがいに連携してロシアをやっつけましょうなどと能天気な提案をしていたほどである。

たとえヒトラーがそれに気づいていたとしても（つまりもはや西側との交渉・講和は不可能であることに気づいていたとしても）、いずれにせよ彼は、東西どちらかの選択を迫られたとき、東部をロシアの手にゆだね、あくまでも西部で戦うことを選んだのである。

これはドイツ国民の思いとは正反対だった。国民の多くはロシアの侵入をおそれ、アメリカとイギリスに占領されることを、まるで救済を待ちこがれるように祈ったのである。ヒトラーのスターリンにたいする尊敬の念は、戦争を経て高まりつつあった。これにたいして、ルーズヴェルトとチャーチルへの憎悪は増すばかりであった。ヒトラーの複雑な思いをいいあらわせば次のようになる。

たとえ東部戦線で敗北が迫っていようとも、西部戦線で全力を出し尽くして猛攻に転じたならば、ひょっとして西側列強は圧倒されて、最後には妥協してくるのではないか。たとえそうでなくても、むろんかまわない。そのときは東部戦線における敗北の現実が、西側列強の眼前に突きつけられ、彼らはそれがなにを意味するかを悟るであろう……それにしても、これはまわりくどい考え方である。

だが彼の動機が外交政策から出たのではなく、まったく内政的な観点、平たくいえば、彼の自国民への思いから出たと解釈すれば、ヒトラーの考え方はずっとわかりやすくなる。つまり一九四四年秋、ドイツ国民大衆とヒトラーのあいだには、深い溝が生じていたのだ。

国民大衆は、ヒトラーが望むような、先の見えない最終決戦など望んではいなかった。彼らは一九一八年のときのように、戦争に始末をつけること、つまり終戦を望んでいたのだ。それも西側列強に占領されるかたちで、なるべく寛大な敗戦を願っていた。ロシアは入ってこないでくれ、西側列強だけいてくれ。これが一九四四年末に、大半のドイツ国民がひそかに抱いていた終戦の姿だった。

そこでヒトラーはアルデンヌ攻勢によって、この国民の願いを粉砕した。異を唱える者全員の首をはねることは不可能だった。あまりにも人数が多すぎたからだ。それにたいていの者は、用心して自分の考えをいわないようにしていた。だがヒトラーは、自分と苦楽を共にしない国民ならば、いっそロシアの復讐の手にゆだねてしまえばいいと考えたのだ。

国民は、米兵や英兵に占領されることで自分たちが救済されることを願っていた。ヒトラーはその願いをくじくことができた。だから彼は怒りをこめて、あのようなおそろしい決断を下したのである。このように見れば、彼がアルデンヌ攻勢をおこなった意味が（軍事的には狂気の沙汰であり、外交的に見てもせいぜいとっぴな思いつきでしかないこのアルデンヌ攻勢の意味が）、目からうろこが落ちるようにあきらかになってくる。

目からうろことということは、おそらくそれが当たっているからだ。つまりヒトラーはすでにこの時点で（一九四四年末の時点で）、ドイツおよびドイツ国民を裏切るような政策をとっていたのである。

ヒトラーのアルデンヌ攻勢は、彼が一九四四年八月に立てた防衛構想からいちじるしく逸脱したものだった。だがこれもドイツ国民への背信を裏づけるものだ。本来の防衛構想は、「終わりなき恐怖」を目的としていた。つまり全戦線で敵をくぎづけにして、たとえドイツ軍が退却を余儀なくされ土地を放棄することになっても、全国民がゲリラ戦で抵抗するという作戦だった。だがアルデンヌ攻勢はそれとは反対に、「恐怖とともに最期を遂げること」つまり勝ち目のない最終決戦を挑み、全軍燃え尽きることを目的としていたのである。

「この民族は弱かったのだ」

なぜヒトラーはとつぜん方針を変えたのか。その答えを聞けば誰でも体中が凍りつく。ゲリラ戦になんの意味もないこと、国民大衆に戦う意志などないことは、彼にはとうにわかっていた。国民の気持ちも考えも、ヒトラーのそれとはかけ離れていた。ならばよし、こんな国民には罰を下してやろう。やはり死罪があつらえむきだ。これがヒトラーが下した最後の決定だった。

ヒトラーはこの最終決定を、文面で通知するに先だって、すでにアルデンヌ攻勢というかたちで伝えていたのではないか。むろん疑問は残る。いずれにしても、それがはっきりと文面にあらわされたのが、一九四五年三月十八日、十九日の総統命令である。この命令により、ヒトラーはドイツに死刑判決を下したのだ。

このころロシア軍はオーデル河畔に押しよせ、アメリカ軍はライン河を渡っていた。両軍の勢いはとどめようがなかった。東西連合軍がドイツ中央で邂逅するのは、もはや時間の問題だった。だが戦場および退却地での住民の態度は、東部と西部でいちじるしく異なっていた。東部の住民は大挙して土地を離れた。西部の住民は居住地にとどまり、テーブルクロスやベッドシーツを白旗代わりにして窓から掲げ、ドイツ軍の将校らにもう抵抗はやめにして、最後の最後に町や村を破壊から救ってくれるよう懇願した。

西部住民のこのような態度にたいして、ヒトラーは三月十八日の総統命令をもって応えた。西部ドイツの敵軍侵入地域から、すべての住民をただちに立ち退かせ、主戦場の後方から順に疎開させるよう命じたのである。

この命令はその日の戦況会議で起草されたが、そのとき異例にも、総統命令に反対する抗議の声があがった。ヒトラーの建築設計士で、当時は軍需相のアルベルト・シュペーアは、そのときの様子を次のように報告している。

「列席した将軍の一人が、ヒトラーを説得しにかかった。何十万もの人間を疎開させるなど不可能です。列車が使えないのです。交通はすっかり麻痺しています。それでもヒトラーは頑としてゆずらず、『それなら全員歩かせろ！』と切り返した。そんな準備はとてもできません、と将軍は言葉をさしはさんだ。そのためには食糧が必要です。群衆が過疎地帯を通りすぎてゆかねばならないのです。靴も不足しています。将軍は際限なくしゃべり続けた。ヒトラーは聞かぬそぶりで顔をそむけた」

ドイツ西部の住民を全員、食糧もあたえず行先もわからずに歩かせる、これはまさに死の行進であり、このような命令はドイツ国民を大量虐殺するにひとしかった。これに続いて、翌三月十九日に発せられた第二の総統命令（いわゆるネロの命令）からは、いかなるドイツ人も生き延びてはならないという、この男の意図がありありとうかがえた。

「敵が戦争継続のために必要とする、帝国内のすべての交通手段、通信網、産業施設、補給機関は破壊してしまわなければならない」

軍需相シュペーアの証言によると、彼（シュペーア）がこの命令に異を唱えると、ヒトラーの口から次のような説明がかえされたという。

「戦争に敗れたということは、国民も敗れたということだ。ドイツ国民が生きてゆくのに最低限必要な生活基盤など心配してやる必要はない。逆に生活の基盤など破壊してしまったほうがいい。この民族は弱かったのだ。東方の強い民族にこそ未来はある。戦いが終わって生き残るのは、どうせだめなやつらばかりだ。優秀な人間は死んでしまったのだから」

前にどこかで聞いたフレーズだ。一九四一年十一月二十七日、敗戦の可能性がはじめて浮かびあがってきたころ、ヒトラーが洩らした言葉であり、本書でもすでに一度引用した。いまふたたび思い起こしてもらいたい。当時ヒトラーはこんなことをいっていた。

「この点に関しても私は非情冷酷なのだが、もしドイツ民族がひとたび精強さを失って、民族の存続のためにおのれの血を流す覚悟がなくなってしまったのならば、そのときは滅びてしまうがいい。他のより精強な民族に滅ぼされてしまえばいいのだ。そんなドイツ民族に、私はいかほどの未練もない」

いま、そのときがきていた。そしていま、彼は本気で実行に移した。

ドイツ人への失望と復讐

一九四五年三月十八日と十九日の総統命令が、そのまま忠実に遂行されることはなかった。もし命令どおり遂行されていたら、ドイツ人は、二年前にゲッベルスがユダヤ人をさしていったように、ほんとうにすこししか残らなかっただろう。

シュペーアは、ヒトラーが下したこの焦土命令が、できるだけ実行されないよう全力を尽くした。ナチス幹部のなかにも、極端な行為をためらう者たちがいた。当事者である住民も、自分たちの生活基盤を破壊するような、こんなばかげた命令にはかならずしも従わなかった。

そして結局のところ、住民からさしたる抵抗も受けずに進軍してきた連合軍のおかげで、ドイツ人はヒトラーが課した苛酷な運命をまぬがれたのである。

むろんヒトラーが下したこの最後の命令が、ことごとく無視されたわけではなく、焦土命令が実際になんの効力も発揮せず空振りに終わったわけではなかった。

一九四五年三月なかば、ドイツの一部はまだ占領されずにあった。そのような地域では、総統命令はまだ絶対命令であり、ナチス党や親衛隊幹部のなかには、ヒトラーに身も心も捧げた狂信者がいくらでもいた。彼らはそれから六週間のあいだ、まるで敵の空軍や大砲と競うように、ドイツ国土を徹底的に破壊してまわったのである。

ドイツのほとんどの都市や地方の住民は、この最後の数週間のあいだ、敵味方双方の戦火にはさまれて、敵よりも自国の焦土部隊やＳＳの偵察隊のほうをおそれなければならないほどだった。

ヒトラーの命令は焦土部隊やSS偵察隊によって遂行されたが、実際のところ、ヒトラーのもくろみのほうが、敵軍（西側連合軍）のそれよりもはるかに残虐だった。敵軍（西側連合軍）は、ドイツ国民が生きるのに必要とする最小限の生活基盤を破壊するようなことはしなかった。それどころか、西部における連合軍の占領はすみやかに進み、救済者として住民から圧倒的な歓迎を受けたのである。

アメリカ軍もイギリス軍もフランス軍も、当初はナチス・ドイツ国民からどんな抵抗を受けるか身がまえていたが、あにはからんや、彼らが目にしたのは、ヒトラーにすっかり幻滅してもとの正気に戻った国民であった。ときとして連合軍側は、これは見せかけで、じつはドイツ国民にだまされているのではないかと半信半疑だったが、そのようなケースはきわめてまれだった。

人びとは、総統から裏切られたと感じ、事実そのとおりだった。連合軍側はドイツ国民にデモクラシーを教育しなければならないと考えていたが、それはもうこの最後の数週間でヒトラー自身が苛烈なやり方でレクチャーしてくれていた。

この数週間におけるドイツ国民の運命を女性の人生にたとえるならば、それまで信頼しきっていた夫が、とつぜん殺人鬼に豹変し、そのために彼女は悲鳴をあげながら、まわりの住民に助けを求めるようなものだった。

事の次第をはっきりとさせておこう。一九四五年三月十八日と十九日にヒトラーが下した焦土命令は、もはや一九四四年秋にもくろんでいたような、英雄的な最終決戦をめざすものではなかった。何十万ものドイツ人をあてどなき死の行進へとかりたて、必要最小限の生活基盤すら破壊してしまったのだから、英雄的最終決戦などできるはずがなかった。

ではヒトラーが最後の最後に、殺人の匕首《あいくち》を敵にではなく、ドイツ国民に突きつけた目的はなんだったのか。それはただひとつ。英雄的決戦に命がけで臨もうとしなかったドイツ人たち、つまり総統から定められた役割を忌避したドイツ人たちに罰を下すためだったのだ。

これはヒトラーにすれば、極刑に値する犯罪であり、つねにそのようなものとして処置してきた。命令された役割を受け入れないような国民は、死なければならない。これがヒトラーの変わらぬ思いだった。この線にそえば、戦争の終局においてヒトラーがドイツにたいして死の矛先をむけたことと、侵略の序章においてポーランドに死の刃を突きつけたのとは奇妙に符節が合う。

ヒトラーはもともと、ポーランド人をユダヤ人やロシア人のように大量虐殺するつもりはまったくなかった。ポーランドにたいしては、ルーマニアとおなじように従属国の役目をさずけ、前々から計画していたロシア侵略の手伝いをさせるつもりでいた。だがポーランドがこの役目を拒絶したので、ヒトラーはポーランドに攻め入った。これがほんとうの開戦理由である。

ダンツィヒを獲得するのが目的だったといわれているが、そうではない。ダンツィヒはすでに何年も前からポーランドの承認をえたうえで、ナチスの市政府がヒトラーの要望に従って、これを統治していたのである。だからダンツィヒ問題はほんの口実にすぎなかった。だがここで興味深いのは、ヒトラーが、軍事的勝利をおさめたにもかかわらず、ポーランドに同盟関係を強要しなかったことである。

戦勝国の立場からすれば、敗戦国に同盟を結ばせるのは占領政策のうえからも当然のことであるし、事柄のなりゆきからもできないことではなかったはずだ。そうせずに彼はポーランドを五年ものあいだ、なんの意味もない、たけり狂った制裁と復讐の修羅場にしたのである。

ここにおいてはじめて、彼の政治的理性は姿を消し、破壊衝動が荒れ狂った。ヒトラーという人間のなかでは、有能な政治家と大量虐殺者がつねに同居していたのである。もともとはユダヤ人とロシア人だけを、おのれの殺人衝動の餌食にと考えていたが、自分の意図が妨げられた瞬間、政治的打算は吹き飛び、殺人衝動が頭をもたげた。ポーランドでの開戦がその手はじめだった。そしてドイツでの終戦がしめくくりだった。

ドイツ人にたいしてヒトラーは、ポーランド人よりもずっと大きな役目をさずけていた。はじめは世界を征服する支配民族としての役目を、のちに戦争に敗れてからは、せめて全世界をむこうにまわして徹底抗戦する英雄民族の役目を期待した。

だがドイツ人も結局は、ヒトラーの期待に応えなかった。弱くて駄目な民族だったからか、それとも不遜な反抗心からか。いずれにせよドイツ人もとどのつまり、ヒトラーから死刑判決を下された。ヒトラーの言葉をいま一度引用すれば、こんな民族など「滅びてしまえばいい、滅ぼされてしまえばいい」というのが判決理由だった。

ヒトラーはドイツ史の必然だったのか

ヒトラーとドイツの関係は、はじめから奇妙きてれつなものだった。すでに戦時中イギリスの歴史家のなかには、ヒトラーというのはドイツ史がたどりついた必然的帰結ではないか、ルターからフリードリヒ大王、ビスマルクを経てヒトラーにいたるまで、一本のまっすぐな線でつながっているのではないかと考える者もいた。

真相は逆である。ヒトラーはドイツの伝統とはなんの縁もない、とりわけプロテスタンティズム・プロイセン精神とはもっとも縁遠い人物である。フリードリヒやビスマルクにもあてはまることだが、国家繁栄のために沈着冷静に私心を捨てて献身する態度、これこそはヒトラーにいちばん欠けていた資質である。

戦争前の全盛を極めたころのヒトラーでもおなじことがいえる。この男ははじめから、国力を自分の思いどおりに総動員するために、ドイツ国家を（法治国家としてだけでなく、秩序国家としても）利用しただけだった。そして忘れてならないことだが、この男は、なんぴとにもとって代わられることのない、余人をもって代えることのできないおのれの私欲を満たすために、ドイツ国家を奉仕させたのである。

このことについてはこれまで何度も述べた。彼は計画的に、大衆から冷静さを奪いとり、興奮と陶酔を注ぎこんだ。いいかえれば、彼は六年のあいだ、魔法の媚薬をドイツ国民に投与しつづけ、戦争になるやとつぜんチューブを抜きとったのである。

私心の有無に関していえば、ヒトラーは身勝手な使命感を至上命令に掲げて、政治を自分の人生の尺度にあわせておこなった。その点ではまさに、私心の権化ともいうべき政治家であった。これについてはこれ以上繰り返す必要はないだろう。

彼の政治的世界観を思い起こして、ふとまた気づいたことだが、そもそもこの男の考えには「国家」などなかった。民族と種族しかなかったのだ。彼の政治行動があんなにも野卑で、軍事的勝利を政治的成果に結実させることができなかったのはそのためである。

ヨーロッパ（むろんドイツも含めて）がつちかってきた政治風土というのは、民族大移動以後今日にいたるまで、戦争や戦争の結果を国家の枠組みで処理し、民族や種族には手をつけないことを旨としてきた。このことからしても、ヒトラーの考え方がいかにヨーロッパの伝統と相容れないものであるかがわかるだろう。

ヒトラーは、国政をつかさどるという真の意味での政治家ではなかった。すでにこのことからして、彼はドイツの歴史から落ちこぼれている。だがそうかといってこの男のことを、たとえばルターのような国民的英雄と呼ぶことにもはばかりがある。

たしかにドイツ史における変り種、後にも先にもない特異な存在という点で、この二人には共通項がある。だが共通するのはこのことだけだ。ルターにはドイツの国民性を代表する特徴がたくさんあるのにたいして、ヒトラーの人間性はおよそ国民的キャラクターとはかけはなれたものである。ヒトラーにすっかり魅了されていた時代でさえ、ドイツ人はある種の違和感をおぼえていた。

人びとの驚嘆にはつねに、ある種の不審の念が混じっていた。ヒトラーのような、思いがけない異様なプレゼントをさずかったことへの訝《いぶか》りである。

ドイツ人にとってヒトラーは、神がつかわした奇跡だった。だがこのことは裏返せば、外からふらりと舞いこんできた得体の知れない人間ということでもあった。この場合外からというのは、オーストリアからという意味だけではない。ドイツ人にとってヒトラーは、つねに遠くからきた人だった。はじめのひところは、はるか天の高みからつかわされた救世主と思われた。あとになって、くわばらくわばら、これが地獄の底から湧きでてきた悪魔であると判明した。

彼はドイツ人が好きだったのだろうか。どんな国であるかも知らずに、彼はドイツを選んでやってきた。そしてどんな国であるか最後まで知らなかった。ドイツ人という民族を、ヒトラーはわざわざ探しあてた。本能的にそなわった探知機が、この男にここがヨーロッパ最大のパワースポットだと、磁石の針を指したのである。

じつのところ彼がドイツ人に興味をもったのは、ただ権力の道具として利用するためだった。彼はドイツという国に大きな野心を感じとり、そうしたなかで、おなじ世代のドイツ人と出会ったのである。

当時のドイツ人は、野心にあふれた民族だった。だが野心的であると同時に、政治的に行き先を見失っていた。この二つの要素が、ヒトラーにチャンスをあたえた。だがドイツ人の野心とヒトラーの野心は、ぴったり符合してはいなかった。ロシアを征服してそこに移住したいなどと、本気で考えたドイツ人がいただろうか。こまかなちがいを聞き分ける耳を、ヒトラーはもたなかった。

いずれにせよ、ひとたび権力を握ると、彼はなにものにも耳をかさなかった。ヒトラーがドイツに野心を抱くさまは、競走馬の調教師や馬主が、自分の馬に過大な期待をかけるのによく似ていた。最後のヒトラーは、ダービーで敗れた愛馬を、落胆のあまりかっとなってむちで叩き殺してしまう馬主のようだった。

ドイツを滅ぼすこと、これがヒトラーが人生の最後に立てた目標だった。彼が立てた他の目標とおなじく、この目標も完全になしとげることはできなかった。

あげくのはてたどりついたのは、ドイツからの愛想尽かしだった。思っていたよりあっけなく、しかもぷっつりと。ナポレオンが没落して三十三年ののち、フランスではまた新しいナポレオンが共和国の大統領に選ばれた。ヒトラーが自殺して三十三年たっても、ドイツでは、ヒトラー主義を標榜しヒトラーの遺志につらなろうとする者は誰一人として政治の舞台に立つチャンスはない。

このことだけはまことにけっこうなことである。ただ、戦争世代のドイツ人がヒトラーの記憶を遠ざけているために、若い世代の大半がヒトラーについてもはやなにも知らないでいる。さらに、ヒトラー以来多くのドイツ人が、祖国を愛する自信を失ってしまっている。これはたいへん困ったことだ。

ドイツの歴史はヒトラーで終わったわけではない。にもかかわらず「ドイツの歴史はヒトラーでおしまい」と一人合点し、過去を忘れて目先にうつつをぬかしている人たち、じつはそういう人たちこそ、ヒトラーの遺志をもっとも忠実にかなえていることに、みずからすこしも気づいていないのである。

了

ヒトラー略年表

1889	ブラウナウで生まれる（4月20日）
1900	小学校を終え、リンツの実科学校に入学
1907	画家を志しウィーンへ。美術学校の受験に失敗
1913	ウィーンからミュンヘンに移住
1914	第一次世界大戦勃発。バイエルン連隊に志願
1918	前線で毒ガス攻撃を受け失明状態に（10月）
	ドイツ革命勃発。ドイツの君主制崩壊（11月）
1919	ヴェルサイユ条約締結（6月28日）
	ドイツ労働者党に入党（9月16日）
1920	ドイツ労働者党、国民社会主義ドイツ労働者党（ナチス）に改名
1921	ナチス党首に就任（7月29日）
1923	ミュンヘン一揆失敗（11月8日）
1925	『わが闘争』第一巻刊行（7月）。翌年、第二巻刊行
1929	世界大恐慌はじまる（10月24日）
1932	ナチス、国会で230議席を獲得し第一党に（7月31日）
1933	ドイツ首相に就任（1月30日）
	全権委任法を可決し、ヒトラーの独裁体制が確立（3月23日）
	ドイツ、国際連盟脱退（10月19日）
1934	「長いナイフの夜」（6月30日）
	ヒンデンブルク大統領死去に伴い、総統に就任（8月2日）
1935	ヴェルサイユ条約を破棄し、再軍備宣言（3月16日）
1936	ベルリン＝ローマ枢軸成立（10月25日）
1938	ミュンヘン協定締結（9月30日）
	「水晶の夜」（11月9日〜10日）
1939	ドイツ、ポーランドへ侵攻。第二次世界大戦勃発（9月1日）
1940	ドイツ軍、パリ入城（6月14日）
	日独伊三国同盟締結（9月27日）
1941	太平洋戦争勃発に伴い、ドイツも対米宣戦布告（12月10日）
1942	ヴァンゼー会議（1月20日）
1943	スターリングラードのドイツ軍、ソ連に降伏（2月）
1944	ノルマンディ上陸作戦成功（6月）
	ヒトラー暗殺未遂事件（7月20日）
1945	ヤルタ会談（2月）
	エーファ・ブラウンと結婚（4月29日）
	ベルリンの地下壕で自殺（4月30日）
	ドイツ、無条件降伏（5月7日）

訳者あとがき

本書は、ビスマルクからヒトラーまでドイツ現代史を語らせたら右に出る者はないといわれた稀代のジャーナリスト、セバスチャン・ハフナーが晩年に書き上げたヒトラー伝である。ある程度の教養をそなえたドイツ人なら、この人の名を知らぬ者はない。一九四〇年代から八〇年代まで、新聞、雑誌のコラム、ラジオ、テレビの討論、講演、そして歴史著述を通じてその名はひろく知れわたった。

戦後ドイツの世論形成にハフナーほど大きな刺戟と影響をあたえたジャーナリストはほかにいない。愛読者にはアデナウアー、ブラント、シュミット、コールといった歴代ドイツ首相のみならず、右翼の大物から緑の党の若者までイデオロギーや世代のちがいを越えたさまざまなファンがいて、みなハフナーのわくわくするような文体に度肝を抜かれ、その魔力にひきこまれた。賛否好悪は別にして、読まずにはいられない、読んだら離れられない不思議な魅力がひそんでいた。

若いころは文学青年で、トーマス・マンのような作家になりたかったという。冒頭からひきこまれずにはいられない。「アドルフ・ヒトラーの父親はたたきあげの人だった……息子のほうははじめから落ちこぼれていた。実科学校も卒業できず、美術学校の受験にも失敗した……職にも就かず、職に就くあてもなく、ただ親の残した遺産を食いつぶしながら、ボヘミアンのような生活を送った」

ふらふらとよその国からやってきたうだつのあがらない若者が、あやしげな政治団体に身を投じて頭角をあらわし、またたくまに一国を支配して、世界を変えてしまう。「今日の世界は、それが私たちに気に入ろうが入るまいが、ヒトラーがつくった世界である……かつて歴史上の人物で、さして長くない生涯のうちに、これほど根底から世界をひっくり返し、しかもその影響があとあとまで長く続いた人間が、ヒトラーをおいて他にいただろうか」

時代の状況とともに、得体の知れないボヘミアンの人物像が浮かびあがる。摩訶不思議な力の持ち主だった。「ヒトラーに集団催眠の能力のあったことはよく知られている。まるで粘土をこねあげるように、大衆を等質の塊に変えてしまうことがこの男にはできた。さまざまな階層のさまざまな利害を抱えた人びとが、多く集まれば集まるほど好都合だった。そんな大衆を彼はまず、ある種の恍惚状態に陥らせ、それから一気に快感の絶頂へと導いたのである」

あやしげな催眠術師に魅せられたドイツ国民の心の動きはどうだ。カント、ヘーゲル、マルクス、ニーチェ、ハイデガー、ゲーテ、シラー、マン、ヘッセ、ツヴァイク、バッハ、モーツアルト、ベートーベン、シューベルト、ケプラー、ライプニッツ、ガウス、アインシュタイン……人類の文明を切りひらき、輝かしい頂へと導いた偉人たちのなんと多くがドイツから出たことか。

十九世紀、二十世紀前半までのドイツは、科学、芸術どの分野においても世界の最高峰がそびえたち、世界中から研究者、留学生をよびよせた、まさに「学問の総本山」だった。そんな人類の叡智と天才の揺籃の地が、となりの国からふらりとやってきた自暴自棄の「落ちこぼれ」の手によって、またたくまに奈落の底に突き落とされ、一朝一夕に滅びてしまったのである。どうしてそんなことになってしまったのか。

進歩的な憲法と議会制民主主義をそなえたワイマール共和国のなんともろいことか。なにも決められずに右往左往する政治家たちのなんと頼りないことか。「ヒトラーはただ、倒れゆくものを倒しただけのことだった」。時代の閉塞を逆手にとり、学歴も職歴も人脈も社会における居場所もない流れ者が、マルクス・レーニン顔負けのイデオロギーをひっさげて政治舞台に登場し、あっというまにドイツをひとつにまとめてしまった。こうしたことをハフナーは名人芸の筆致で語ってくれる。

ハフナーの強みはなんといっても、アドルフ・ヒトラーが政権を獲得して頂点へとのぼりつめていったあの時代を直接知っていたことだ。あの時代の空気を吸い、あの時代の人びとの姿をつぶさに見て、あの時代の雰囲気を脳裏に刻み、体じゅうにしみこませた。「ドイツ国民はこの奇跡（ヒトラーがもたらした経済の奇跡）を前にただ感謝感激するばかりだった。一九三三年以後ドイツの労働者たちは社会民主党や共産党を離れ、大挙してヒトラーにくらがえした。このときドイツ国民が抱いた感謝の念がどれほど大きかったかは、どんなに想像してもあまりあるほどだ。この感謝の思いが一九三六年から一九三八年のあいだ、ドイツの世論を完全に支配していた」

本書は、私たちがヒトラーについて抱いている偏見的イメージを、もののみごとにぶちこわしてくれる。ヒトラーの人物像を固定観念だけで決めつけ、そこから抜け出せない人がなんと多いことか。これほど多く語られてきたにもかかわらず、いまだにこの男の本質がつかみきれていない理由はどこにあるのか。一般の人びとはいうまでもなく、歴史家をはじめとする研究者たちでさえ、この人物に近づけないのはなぜなのか。

ハフナー流にいえば、それは公式をまちがえたまま数学の問題を解こうとしているからにほかならない。一＋一＝三、円周率四をあてはめても問題は永久に解けない。本書ではアドルフ・ヒトラーという難問中の難問を解くための基本公式が示される。たとえば「ヒトラーを不用意に右翼政治家に位置づけてしまうのは禁物だ。彼はあきらかに……左翼政治家のタイプだ」。あるいは「ヒトラーはいまだに多くの人びとのあいだで、ただの日和見主義者、直感頼みのはったり政治家とされている。だがそれはまことに探究心の足らない人たちの思いこみである……彼が考えだした理念は、細部はあらが目立つものの、本質としては筋の通ったひとつの体系をなしていて、まさにマルクス主義的な意味での『理論』を形成していた」。また「ヒトラーをファシストなどと呼ぶのは、まちがいもはなはだしい。ファシズムというのは上流階級による支配であり、大衆の熱狂を作為的に生みだして、自分はその上にあぐらをかくのである。ヒトラーも大衆を熱狂させはしたが、けっして大衆を離脱して、上流階級にのし上がろうとはしなかった」

こうした解明のカギがいたるところにちりばめられていて、それにふれるたびに闇に光があてられ、未開地を切りひらく心地がする。

次に本書成立のいきさつについて述べておこう。一九七七年七月、歴史家のヨアヒム・フェストらが制作したヒトラーのドキュメンタリー映画が公開された。出版社を経営するヘルムート・キンドラーはこれを見てすっかり幻滅し、さっそく翌日、当時ジャーナリズムを引退したばかりのハフナーをたずねて、簡潔でわかりやすいヒトラー伝を書かないかと執筆をもちかけたのである。

キンドラーはかつてコミンテルン（コミュニスト・インターナショナル）の情報部員をしていたという海千山千のつわもので、ハフナーとはすでに三十年以上の付き合いがあった。ハフナーは即座に快諾し、わずか半年ばかりで本書を書き上げた。少年時代に第一次世界大戦があり、その後ドイツ革命、ワイマール時代の混沌、ナチスの台頭、ヒトラーの全盛期を身をもって体験し、さらに多情多感なジャーナリストとして見るべきものを見て、長年にわたってヒトラーとナチズムについて考えつづけてきた。そんなハフナーだからこそなしえたわざだ。一九七八年四月に出版されるやたちまちベストセラーとなり、一年ほどのあいだに西ドイツだけで三十万部を売り上げた。

成功の理由を簡単にいえば、それは複雑な事柄を本質的な要素だけに還元し、それらを徹底的に分析し、要点をかいつまんで指摘したことにある。章ごとに重要なテーマを選びだし、読者の関心をひたすらそのテーマにくぎづけにして、強弱濃淡をつけながら感情を揺さぶり、強烈な印象を刻みこんだのである。

学歴も職歴も友人もないよるべなき流れ者が、わずか十数年のうちに独裁者への階段をかけあがり、二十世紀、さらには二十一世紀の歴史を根底から変えてしまった。なぜそんなことが可能だったのか。大衆を熱狂させ、そのパワーを自己の権力掌握に転化させた力の源はなんだったのか。その世界観、矛盾とあやまり、ナチズムの台頭を準備した時代状況、なしとげた業績とおかした失敗……もろもろの興味尽きないテーマが次々まな板にのせられ、ハフナーがさばいてゆく。

トーマス・マンの息子で歴史家のゴーロ・マンは、本書を「インテリジェンスにあふれ、独創性に富んだ論旨明快な一冊である、ドイツのすべての学校で読んでもらいたい」と絶賛し、ヒトラー伝で有名なヨアヒム・フェストも「この瀟洒な一冊が世にあふれるヒトラー本の山を一掃してくれる」とこれまた脱帽している。

この論評の背景には、一九七三年にフェストのヒトラー伝が出版されたのを皮切りに、類似本が洪水のように市場にあふれたという事実がある。ハフナーの小冊が群を抜いていたことは、三十年以上を経た今日、当時出版されたヒトラー本のほとんどが市場から姿を消し、せいぜい一部の研究者かマニアにしか読まれていないなかで、本書が古典的名作としていっそうの輝きをはなち、若い世代に読み継がれているのを見てもうなずけるのである。

むろん本書にたいしては批判、反論もわきおこった。ヒトラー個人の意義、役割を過大視して、独裁者を生んだ経済的要因を度外視している、ヒトラーの世界観をマルクス主義と同等に論じ、ナチズムと共産主義を類似品扱いしている、さらに一部にヒトラー肯定論とみられるところがあり、犠牲者への配慮が欠けている云々といったものだ。どんな傑作にも毀誉《きよ》褒貶《ほうへん》はついてまわる。

いずれにせよ、三十年以上を経た今日、アカデミズムはハフナーの説が正しかったことを、いまさらながらに追認しているありさまだ。奇妙なことに歴史学者たちは、そのさい自分たちの研究がハフナーを参考にしたものであることを、参考文献はおろか注釈の欄にすら記さないのである。このことはハフナーの一書がアカデミズムにあたえた衝撃と影響がいかにすさまじいものであったかを伝えている。学会の敵視をあざわらうかのように、本書は一九七八年七月から翌七九年五月まで、ノンフィクション部門の一位を独占しつづけた。

当時これにいちはやく目をつけたのが草思社だった。すでに一九七九年五月に赤羽龍夫訳による初版が出ているから、社長加瀬昌男氏の探知力はなみはずれている。「訳者あとがき」の冒頭で赤羽氏は、本書との出会いを次のようにふりかえっている。

「この春、読売新聞社でドイツの週刊誌シュピーゲルをめくっていたら、ハフナーの『ヒトラー注釈』（本書の原題）がベストセラーになっていることに気がついた。かつてハフナーがオブザーヴァー（英）、ディー・ヴェルト（西独）の政治コラム記者としてドイツ問題に鋭いメスを振い、卓抜な見解を発表していたので、私はこの人に惹かれていた。人に訊いてみると、迂闊なことに、文芸もの以外では昨年なかば以降ずっとベストセラーになっているとのことだった。これは読まなくてはと思っているところに、草思社から、版権を取ったので訳さないかと電話があり、二つ返事で引き受けた。訳してみると、さすがにハフナーだけあり、またベストセラーを続けているだけあって、実に面白い。私自身、二、三ヒトラーものを手がけており、他にもいろいろと読んではいた。だがヒトラーという疑問、ナチスという異常現象の謎をこんなに明快に解いてみせた人はいなかった」

当時はまだ日本の出版界がドイツの動向に敏感であったこと、その刺戟にいちはやく応える出版社がわが国にもあったことがひしひしと伝わってくる。三十数年を経たいま、当時翻訳を手がけた赤羽氏はすでに世を去って久しく、また草思社を創設した加瀬氏も昨年（二〇一一年）幽明境を異にするにいたった。一九九六年のはじめ加瀬社長にはじめてお目にかかったとき、本書出版の思い出話を聞かせていただいたが、まさかその十数年後に新訳を手がけることになろうとは、いまとなっては夢のようななりゆきである。

ハフナーの生涯をかいつまんでのべておく。一九〇七年十二月二十七日、ベルリンの教養豊かなブルジョア家庭に、兄二人姉一人の末っ子として生まれた。セバスチャン・ハフナーというのはペンネームで、本名はライムント・プレーツェル（Raimund Pretzel）という（ただしここでは通り名のハフナーで通す）。先祖は遠くさかのぼるとスラブ系で、十八世紀の終わりころダンツィヒ地方から北ドイツのさいはてにやってきたという。

祖父はもともと家具職人だったが、学問に身を入れて村の学校教師になった。その息子（すなわちハフナーの父親）はそれを土台にプロイセン国民学校教師となり、改革派としてのし上がり教育界で高い地位を得た（政治的には中道左派のドイツ民主党に所属した。この政党には社会学者のマックス・ウェーバー、ワイマール憲法を起草したプロイス、国立銀行総裁でヒトラー時代に経済相をつとめたシャハト、第二次世界大戦後西ドイツ初代大統領となったテオドーア・ホイスなどがいた)。進歩的教育者だった父は子供たちにピアノやヴァイオリンを習わせてファミリーコンサートをひらき、毎晩のように文学作品を読んで聞かせて古典に親しませた。

セバスチャン・ハフナーという名前は、ナチス時代にイギリスに亡命して、執筆活動にたずさわるようになったとき、ドイツに残してきた家族や知人に危害がおよぶのをおそれて一九四〇年からこのペンネームを用いるようになった。「セバスチャン」はヨハン・セバスチャン・バッハに由来し、「ハフナー」はモーツアルトがザルツブルクの貴族ハフナー家のために作曲した「ハフナー・セレナーデ」「ハフナー・シンフォニー」からとったものだという。

ベルリン大学で法律を学び博士号を取得したのち、一九三五年から一年ばかりベルリン市内の裁判所で司法官の見習いをした。だが「物書き」への夢は捨てきれず、厳格な父親の死をきっかけに宮仕えをやめて、地元の新聞雑誌に記事や評論を書いた。おりしもナチス政権のもと、ユダヤ系の作家、記者たちが職を失うなかでハフナーにチャンスがめぐり、ベルリンの言論界でそこそこの地位を築きだした。

ところが一九三八年、どういう風の吹きまわしか、離婚歴のある八歳も年上の子持ちのユダヤ人女性と恋に落ち、そのためドイツにいられなくなり、なにもかも捨ててイギリスに亡命してしまったのである。少年時代からユダヤ人が多く住む地区で暮らし、ユダヤ人の友人が多くいたことから、教養あるユダヤ人女性が、離婚、シングルマザー、そしてナチスによる迫害という何重もの逆境にあったことに同情したのかもしれない。

イギリスに亡命後は出版界の大物フレデリック・ウォーバーグに見出され、ナチスドイツの内情暴露本ともいうべき『ドイツ・ジキルとハイド』(Germany, Jekyll and Hyde) を一九四〇年に出版して注目をあつめた。この作品は、ナチス台頭のいきさつ、ヒトラー成功の原因、ドイツ国民の精神状態——不安、怒り、絶望状況を手際よく分析し、わかりやすい簡潔な文章で説明したハフナーの原点ともいうべきもので、イギリス人知識層の好奇心を大いに刺戟した。

「ジキルとハイド」とは、ふだんは善良で親切なドイツ国民が、ヒトラーに祖国愛を吹きこまれるとおそろしい殺人鬼に変身してしまうという意味である。中世の昔から権威主義に飼いならされたこの国民は、奴隷根性がしみついてしまっているから、「偉大な者」を崇拝してこれにすがるくせがついている。そのため容易にヒトラーのような人物につけ入られ、洗脳されてしまったのだとハフナーはいう。政党も労働組合も学校も役所も、権力機構はすべて権威の塊と化してしまっているために、大衆は支配されることに慣れて、むしろ支配されることをみずから望むような体質になってしまっている。

「こんなドイツみたいな国をデモクラシーの国にするのは、バラの花束のなかからリンゴをさがすよりむずかしい」とハフナーはなげく。ヒトラーによる支配体制は、専制主義とアナキー、ゲシュタポと煽動者、テロとプロパガンダが霊妙に混ざり合って不思議な恍惚状態をつくりあげた。このような強い毒にかかっては、いかなる処方箋も見つからない。「ヒトラーは政治家の仮面をかぶったペテン師である」とハフナーはずばりいってのける。ナチス全盛の時代にこれだけのことが見抜けていたというのはなみの洞察力ではない。

さらにハフナーはヒトラーの最期まで見通している。「独裁者はみずから命を絶つだろう」。トーマス・マンはこの書を「卓越した分析力」と称賛し、ニューヨークの出版社に推薦した。『ドイツ・ジキルとハイド』の成功により、ハフナーはイギリスでジャーナリストとして活躍するきっかけをつかみ、一九四二年から英国でもっとも古い伝統をもつ日曜新聞『オブザーヴァー』でコラムを担当することになった。「一九四二年から四八年ころまでが人生で一番いい時代だった」とのちにハフナーはふりかえっている。

だが一九五三年、「ドイツ中立論」(東西ドイツがそれぞれソ連および英米陣営から独立して再統一すること)を唱えたことなどから、ハフナーは経営陣と対立し、翌一九五四年特派員としてベルリンに左遷され、ドイツに居住するようになった。『オブザーヴァー』との確執はさらに激しさをまし、ベルリン危機をきっかけに経営主との意見対立が破裂、一九六一年七月同社を去った。

これを機に前年から縁のあった西ドイツ全国紙『ヴェルト』に移り、ここでもコラムを担当した。だがこの親米・反ソで政府寄りの保守系新聞と、このころ急速に左傾化しつつあったハフナーとそりがあうはずもなく、一九六二年十月に起こったいわゆる「シュピーゲル・スキャンダル」をきっかけにハフナーはまたもや幹部と対立、翌年はじめに辞めてしまったのである。

このシュピーゲル・スキャンダルというのは、かの有名な週刊誌『シュピーゲル』が、軍事機密を暴露したとして反逆罪の容疑をかけられ、社主のアオグシュタインはじめ幹部が逮捕された事件をいう。これにより左翼系マスメディアは政府による言論弾圧を猛烈に糾弾、真相究明の結果、国防相シュトラウスが言論弾圧の陰謀をくわだてていたことが発覚、同相は辞任に追い込まれ、『シュピーゲル』側は無罪放免となった。

ハフナーも急先鋒となって政府を攻めたて、アデナウアーの退陣をもとめた。政府が真相をうやむやに葬り去るなら、そのときは「さらば言論の自由よ！　さらば法治国家よ！　さらばデモクラシーよ！」と解明を迫り、さらにブラントひきいる社会民主党との連立政権をつくるべしと唱えた。政府寄りの『ヴェルト』幹部はこれに猛反発し、ハフナーは飛びでてしまったのである。

その後リベラル左派の週刊誌『シュテルン』にひろわれ、一九六三年一月から同誌のコラムを担当した。ここでも意見の対立から何度となく社主・幹部と葛藤反目はあったものの、結局一九七五年にジャーナリストを引退するまで同社の看板コラムニストとして活躍した。経営陣ともめごとがおこるたびに、「オレにいてもらいたかったら、もっと大事にしろ」とすごんでみせるのがきめ技で、「友だちなんか一人もいないよ」と豪語して一匹狼を通した。

一九六〇年代末から七〇年代の学生運動激化の時代になると、ハフナーは東独と関係の深いハインリヒ・ベルやギュンター・グラス（両者ともノーベル賞作家）と組んで、権力批判を強める学生側に肩入れし、みずから抗議行動にも参加した。さらに西ドイツ社会体制をブルジョア・ファシズムとみてこれを暴力で打倒しようとするテロリストにも、ある程度の理解を示した。

だが共産主義、社会主義の過激グループが、著名ジャーナリストのハフナーにすり寄ってきたときには、これを受けつけず彼らの仲間にはならなかった。「おれは古い世代の人間なんだ。新左翼の行動を理解しようとつとめ、共感と期待をもって向き合ってはいるが、しょせんおれはよそ者だ」。このときのハフナーはおそらく、老いてゆく自分にないものを学生たちのなかに感じて、刺戟を受けるべく彼らに近づいたのだろう。ゲーテでおなじみのファウストがメフィストフェレスに誘われて、若返りの媚薬を飲んだようなものか。

晩年のハフナーは本書をはじめ、『図説プロイセンの歴史』『裏切られたドイツ革命――ヒトラー前夜』『ドイツ帝国の興亡――ビスマルクからヒトラーへ』など一連の歴史ものを発表し、これらはどれもベストセラーとなり、各界から破格の評価と尊敬を受けた。だがさすがのハフナーも、一九八九年のベルリンの壁崩壊は予想していなかった。東西ドイツの再統合が進むとすれば、それは二十一世紀も半ばになってからだろうと彼は予測していた。まさか東西冷戦構造がこんなにはやくいっきに崩壊するとは、夢想だにしていなかったのである。

一九九〇年のドイツ統一にさいして、ドイツのインテリたちはこぞって反対した。とくに左翼系のジャーナリズム、『ツァイト』『シュピーゲル』『南ドイツ新聞』、あるいはギュンター・グラスなど東方との緊張緩和路線に満足していた知識人たちは、ドイツ統一が決定的になってもまだ異を唱えた。その主な理由は、ドイツが強国化してふたたびヨーロッパに覇を唱えるのは危険であり、外国がこれを許さない、東西ドイツ民族の「国民的統合」などいまさら時代錯誤である、東西ドイツはそれぞれ自己完結し安定した体制をきずきあげているのだから、いまさら壊す必要はない、ドイツ民族がひとつにまとまるとろくなことがない、といったものだった。

ハフナーもおおむね左翼系知識人たちとおなじような見解だった。ただ彼は東西ドイツの国民的再統一、さらにはドイツによるヨーロッパ統合を以前から肯定していて(その考えは本書でも述べられている)、そのような変動がおこるのは米ソ超大国の関係に根本的な変化が生じてからのことで、それは二十一世紀も半ばになってからだろうと予想していたのである。

最晩年にベルリンの壁崩壊とドイツ再統一を目のあたりにしたハフナーは、一九九〇年四月五日付『シュテルン』のインタビューにさいし、怒りの形相をあらわにしながらいきなり「これで四十年つづいた平和もおしまいだ」といい放ちまわりの度肝を抜いた。「東西に分かれていたときがしあわせだったんだ。まわりからおそれられなくってよかったんだよ。だが、これからまわりの国々は新たに出現したドイツ国家の脅威にいやでもさらされることになるだろう。ドイツ人のほうもまわりから包囲されて国際的孤立に追いこまれるのではないかという不安感から、またしてもすこしのことに過剰反応して一喜一憂する傾向におちいりかねない。悪魔の弁証法がまた頭をもたげだしたんだ。大小さまざまな国民国家が乱立するというのは不幸なことだ。国民国家(一民族一国家)の原則がヨーロッパのような大陸を秩序づけるのはもう無理なのだ」

八十歳を過ぎたころから、持病の糖尿病が悪化し、肉体は極度に衰えをみせはじめた。一九九九年一月二日、ハフナー死去。九十一歳の誕生日を迎えて数日後のことだった。

おしまいに、今回この誉れ高い名著の新訳にあずかることができたのは、編集担当の碇高明氏のおかげである。草思社との浅からぬ縁を思うとともに、碇氏の尽力に感謝申し上げる。

訳者

二〇一二年十一月

＊本書は、二〇一三年に当社より刊行した『新訳・ヒトラーとは何か』を文庫化したものです。

草思社文庫

ヒトラーとは何か

2017年8月8日　第1刷発行
2020年12月18日　第6刷発行

著　者　セバスチャン・ハフナー
訳　者　瀬野文教
発行者　藤田　博
発行所　株式会社 草思社
〒160-0022　東京都新宿区新宿1-10-1
電話　03(4580)7680(編集)
03(4580)7676(営業)
http://www.soshisha.com/

本文組版　有限会社 一企画
印刷所　中央精版印刷 株式会社
製本所　中央精版印刷 株式会社
本体表紙デザイン　間村俊一

ISBN978-4-7942-2292-3　Printed in Japan

草思社文庫既刊

健康帝国ナチス

ロバート・N・プロクター　宮崎尊＝訳

ガン・タバコ撲滅、アスベスト禁止等々、最先端のナチス医学がめざしたユートピア。それは優生学にもとづく純粋アーリア人国家の繁栄だった。ナチス政権下における医学と科学の進んだ恐るべき道を明かす。

アメリカはなぜヒトラーを必要としたのか

菅原 出

1920年以降、アメリカは「独裁者を援助し、育てる」外交戦略をとってきた。ナチスから麻薬王、イスラム過激派に至るまで、アメリカと独裁者たちを結ぶ黒い人脈に迫る真実の米外交裏面史。

原爆を投下するまで日本を降伏させるな

鳥居 民

なぜ、トルーマン大統領は無警告の原爆投下を命じたのか。なぜ、あの日でなければならなかったのか。大統領と国務長官のひそかな計画の核心に大胆な推論を加え、真相に迫った話題の書。

草思社文庫既刊

戦争プロパガンダ10の法則

アンヌ・モレリ　永田千奈＝訳

「戦争を望んだのは彼らのほうだ。われわれは平和を愛する民である」——近代以降、紛争時に繰り返されてきたプロパガンダの実相を、ポンソンビー卿『戦時の嘘』を踏まえて検証する。現代人の必読書。

ファストフードが世界を食いつくす

エリック・シュローサー　楡井浩一＝訳

世界を席巻するファストフード産業の背後には、巨大化した食品メーカー、農畜産業の利益優先の論理がはびこっている。環境と人々の健康を害し、自営農民や労働者、文化を蝕むアメリカの食の実態を暴く。

わが魂を聖地に埋めよ（上・下）

ディー・ブラウン　鈴木主税＝訳

フロンティア開拓の美名の下で繰り広げられたのは、アメリカ先住民の各部族の虐殺だった。燦然たるアメリカ史の裏面に追いやられていた真実の歴史を、史料に残された酋長たちの肉声から描く衝撃的名著。